設計・プレゼン・営業・事務所経営のコツまで

# すごい建築士になる!

関本竜太

X-Knowledge

# はじめに

「足の裏についた米粒」

一級建築士資格のことを、私が受験した当時はよくそう揶揄されていました。そのココロは「気になるから取ってはみるけれど、食えない」。

一級建築士だけで毎年3万人以上の受験生がいて、合格率は約1割。国家資格の中では難関の部類に入るというのに、医師や弁護士と異なり、資格を取っても食えないとは穏やかではいられません。

私は大学を卒業してから、将来は独立したいと設計事務所で修業し、一級建築士資格も取りましたが、ジンクスの通り、事務所を立ち上げてすぐは、なかなか食べていける状態ではありませんでした。しかしそんな事務所も数多の荒波を乗り越え、昨年で20周年を迎えました。すごく儲かっているかはともかくとして、今では立派に「食えている」と言えるかもしれません。

本書のタイトルは「すごい建築士になる！」です。

もし、この世界でずっと設計だけで食べていけていること、事務所を続けられていることを「すごい」と言うのであれば、たしかに私は「すごい建築士」なのかもしれません。ただ、本書でも書きましたが、すごいかどうかという評価は他人が決めることですし、私にはその自覚や実感もあまりありません。今もなおサバイバルは続いているからです。

本書は、私がこれまでに蓄積してきた設計技術や心得、持続可能な事務所運営のコツに至るまでを網羅した一冊になっています。

過去何冊かの本を執筆してきましたが、自身のプランニングや事務所にまつわるお金の話までを、ここまで赤裸々に書いたのははじめてのことです。こんなことまで書いて大丈夫かな？と途中何度も不安がよぎりましたが、私の事務所で修業したスタッフしか知り得ないような運営ノウハウをオープンにすることで、特に独立して間もない設計者にとっての羅針盤となればとの思いから、これまで筆を進めてきました。

内容は誰から教わったわけでもなく、毎回壁にぶつかりながら自分なりに考え実践してきたことばかりです。ですから私にとっては有効な方法でも、読者にとって有効であるかはわかりません。ですが、少なくとも今もなお現役で、妥協のない仕事を続けられていることが、その証明になっているのではないかとも密かに思っています。

建築士は「足の裏についた米粒」などでは決してありません。ですが丸腰では戦えません！　建築を志す読者にとって、設計という仕事の魅力や奥深さが本書を通じて少しでも伝わりますように。

２０２３年５月　関本竜太

Contents



# Chapter 1 設計が上手くなりたい

設計が上手くなるための基礎トレーニング

Chapter 2

# 住まい手の「こうありたい」に応える設計

着地点は、住まい手の満足のために

# Chapter 3 自分の事務所を立ち上げる

心構えから
コスト管理まで。
持続可能な
経営とは？

Chapter 4

# 心が折れる前にやってみること

前向きに設計が続けられる7つのヒント

Chapter 1

# 設計が上手くなりたい

## 設計が上手くなるための基礎トレーニング

「設計が上手くなるとは」どういうことか。
そのために必要なことと、
上手い設計をするために
日々実践していることを紹介します。

# 私の考える「設計とは？」

「どうしたら設計が上手くなるのか」。そう悩んでいる設計者は、少なくないと思います。そもそも上手い設計とは何か？　その問いに答えるために、まずは「設計する」とはどういうことかを考えてみたいと思います。

大学の建築学科や専門学校には、設計製図の授業があります。学年が上がるごとに課題は高度になり、卒業設計ともなれば大規模建築の設計を扱うこともあります。また建築士試験にも製図試験があり、限られた時間内で出題された課題の図面を描き上げなくてはいけません。どちらも「設計」であることには違いありませんよね。

一方私は、リオタデザインという建築設計事務所を主宰していて、日常の業務は言うまでもなく「設計」そのものです。ただし、どうも学校の設計課題や建築士試験における設計と、私たちの事務所が実務として行っている設計とでは、意味合いが少し異なるような気がします。はたして何が違うのでしょうか？

それは**実務の設計は、「相手がある設計」**だということです。

ここで言う相手とは、一般的には建て主（クライアント）のことを指します。不特定多数の人が利用する建物ならば、その利用者も含まれるかもしれませんね。

相手は人間です。趣味嗜好も千差万別です。ある人にとっては正解なことが、別の人にとっては不正解になることもあります。ですから、学校の設計課題や建築士の製図試験に落第したとしても、社会に目を向ければその設計を「正解」と考える建て主もいるということは十分にありえることです。

実務の設計が「相手がある設計」だとすれば、そこでしっかりと押さえなくてはいけないのは**「相手が何者であるかを知る」**ということ。そしてその人が「どうありたいのか」

を考えなくてはなりません。これが「設計とは何か？」を知るための第一歩です。

「相手が何者であるかを知る」とは、職業や肩書きなどに振り回されず、その人の思考回路や感情に入り込んで、その人になりきるくらいの意識で相手と向き合うということになります。

同様に「どうありたいのか」を考えるということも、単に要望をヒアリングするという意味ではありません。ヒアリングの場で、建て主の言葉にならない潜在的な欲求や欲望を引き出して、目の前にカタチとして提示することを指しています。

これこそが「設計」であり、人の心を打つ空間をつくるカギとなるのです。とても難しいことですが、日々の心がけの積み重ねが設計力を育むのだと言えます。

「路地の家」(2017年)

# 上手い設計とは何か

それでは「上手い設計」とは何でしょうか？

「あの人は設計が上手い」という言い方をよくします。住宅なら、気の利いた居心地の良い空間を設計する人のことをそう呼ぶこともありますし、ディテールが洗練されていたり、建築専門誌によく紹介されたりする人も、業界的には「設計が上手い人」と見なされるでしょう。学校なら設計課題で高評価をよく取る学生のことをそう呼んだりもします。

これらはすべて間違っていないと思いますが、よく見るとこれらには一つ共通点があることがわかります。それはすべて**他人が決める評価**だということです。

もし自分の設計を「上手い」と公言している人がいたとしたら、なんとなく胡散《うさん》くさく思いますよね。「私はやさしい」「私はきれい」と自分では言わないのと同じことです。

物事を判断するときの基準に、「**定量的な指標**」というものがあります。定量的とは、数値で表せる価値のことで、誰の目にもわかりやすい基準と言えます。建築においては断熱性能や耐震性能、コストなどがこれに当たります。

定量的な指標は絶対的な指標ですから、断熱材をたくさん使っていれば「この家は断熱性能が高い」と、つくり手も自信を持って言うことができるわけです。

ただし、断熱性能や耐震性能がすぐれている設計のことを「上手い設計」とはあまり言いませんよね。なぜでしょう？

物事の価値を測る基準にはもう一つ、「**定性的な指標**」というものもあります。定性的というのは数値化できない価値のことです。「やさしい」とか「きれい」とか、あるいはタイトルにある「すごい」という感覚はこちらです。建築においては、「美しい」とか「居心地がいい」といった評価が定性的な価値に含まれます。そしておそらくは「上手い設計」も。

誤解のないようにお伝えしますが、私は決して高性能住宅やローコスト住宅を否定しているのではありません。また、それらを目指した設計を「上手くない」と言っているのでもありません。

私は、定量的と定性的は、どちらが上か下かではなく、両方とも同じくらいのバランスで建築に求められる要素だと思うのです。

本書で扱いたいのは、設計における「定性的な価値」、つまり**相手から相対的に評価を受けるべき価値軸**についてです。

設計の定量的価値については、設計の方法論が確立されており、誰でも一定の知識を持ち、しかるべき作業を行えば一定の評価を得ることができます。私がここでわざわざ書く必要はないでしょう。

一方、設計の定性的価値についてはブラックボックスのようなもので、「評価されるための方法論」を誰も明らかにしていません。本書を手にした読者の皆さんが知りたいのは、まさに評価されるための方法論ではないでしょうか。

少し回り道をしましたが、もう一度冒頭の「上手い設計とは何か」について考えてみましょう。

私のなかの「上手い設計」の定義はこうです。

「設計者の美意識や意図が細部にまで反映され、利用者（生活者）のふるまいが手に取るように伝わってくる設計」

ちょっと抽象的でわかりにくいでしょうか。それならばこう言い換えてみましょう。

## 「空間に動画の再生ボタンが付いているような設計」

最近は、ＹｏｕＴｕｂｅ動画を駆使して空間の魅力を伝えるルームツアーのようなコンテンツが増えてきました。写真ではよくわからなかったものも、動画の再生ボタンをクリックすればカメラが動いて隅々まで写し出してくれます。

「ここを見てほしい！」というところではカメラがズームし、空間の特徴もつかみやすくしてくれます。そんな気の利いた編集動画は再生数もうなぎ登り。視聴者からの「いいね！」もたくさん集まっています。

私は「上手い設計」とは、この要素を持った設計のことだと考えています。

空間に立ったとき、あたかもそこで誰かがルームツアーをしてくれているかのように、「ここからリビングを見るとすごくイイ感じなんです」「湯船に浸かると庭の景色が目の前に広がるんです」と、建物が語りかけてくるような体験をしたとき、きっとワクワク感は止まらないことでしょう。そのささやきに導かれるように足が進み、建物の隅々までその空間のストーリーを堪能することができます。

人と空間とが響き合い、そこに「いいね！」ボタンがあればつい押したくなってしまうような空間。そのような空間をつくることを、私は「**共感性のある設計**」と呼んでいます。設計者はその空間で過ごす人の動きをリアルに想像し、必然性のある設定と舞台を用意しなくてはいけません。

すぐれた設計者はすぐれた脚本家であり映画監督でもある、と言えるのです。

# 上手い設計の基本をつくる9つのこと

ここで具体的な設計の上達法の話に移る前に、日常生活で実践できる「ちょっとした心がけ」の話をしてみたいと思います。もう少しお付き合いください。

野球が上手くなりたい一心で毎晩素振りを続ける野球少年のように、日々図面と格闘してさえいれば設計が上手くなるかといえば、必ずしもそうとは限りません。もしあなたが職人的なドラフトマン（製図技術者）になりたいのであればそうかもしれませんが、本書で目指すのはそこではありません。よりクリエイティブな設計者を目指すあなたにとって、もしかしたら線を描く以上に大切なことをここではお伝えしたいと思います。

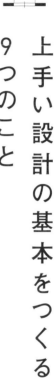

# 1　社会の出来事を自分事として考える

テレビのニュースを見ていて、自分のことが報道されるという経験をした人はあまりいないでしょう。私も幸か不幸か、これまでにそのような経験をしたことはありません。ただ私は全く自分に関係のないニュースでも、「もしかしたらこれは自分のことかもしれない」という気持ちで見るようにしています。

たとえばちょっとした判断ミスから、大変なことになってしまったというようなニュース。事故を起こして、ちゃんと通報すればよかったのに逃げてしまったとか。冷静な状態なら判断できることも、急なことで動転すると人はつい心の弱さが出てしまうものです。

そういう状態にある人を正論で斬るのは簡単ですが、私は「自分が同じ立場だったら、もしかしたら同じことをしてしまうかもしれない」といつも思います。そして「この人と同じようにテレビのニュースで流れてしまったら、今進んでいる仕事はどうなるのだろうか」と恐ろしい気持ちになり、当事者でなくてよかった、今後自分も気をつけよう！と強く心に刻むのです。

こうした話がいったい設計が上手くなることと何の関係があるのかと思われるかもしれませんが、実は大ありなのです。なぜなら私たちの設計活動は決して特殊な仕事ではなく、**一般企業の営みと全く同じ、社会活動の一部**だからです。

その昔「姉歯事件」というものがありました。一人の一級建築士の構造設計者が複数の建物の構造計算書を改ざんしていたという事件です。より安く建てたい発注主からの圧力が背景にあったとされていますが、当時は報道も過熱し、日本中が大騒ぎになりました。一級建築士の信用も地に堕ち、周りの設計者たちは皆、「あんなことをするなんて信じられない！」と怒り心頭でした。もちろん私も同じ思いでしたが、当時はなぜか強く姉歯氏を批判することはできませんでした。

「私は建て主から強く要望されたとしても、法令遵守を徹底できるだろうか？」「言わなければわからないとばかりに、誤魔化したことは過去一度もなかっただろうか？」と自分に問うと、「自分は絶対にこんなことはしない」と言い切れる自信がなかったからです。

世の中で起こっていることはすべて自分の身にも起こることだと思えば、簡単に人のことを批判できなくなりますし、自分の危機管理意識にも大いに役立ちます。

**他人事ではなく「すべては自分事」として考える。**これは設計に向き合う心構えにつながる大切な姿勢です。

周囲にピンチに陥っている人がいれば、この人は自分の身代わりになってくれたのだと思って気を引き締め、成功している人がいれば、自分のために道を切り拓いてくれたのだと感謝してその成功体験を積極的に共有する。そんな意識でいれば人はいつも謙虚でいられますし、日々の学びも倍増します。

「目にうつる全てのことはメッセージ」とは松任谷由実（ユーミン）の歌詞に出てくる一節ですが、日常はまさに気づきにあふれています。

## 2　電車移動の20分でできること

皆さんは電車の中でどうやって過ごしていますか？　本を読んだり音楽を聴いたりスマホをいじったり、どれも時間の有効な使い方だと思いますが、私がよくしていることは、**その日にあった出来事を20分でまとめてＳＮＳなどに投稿する**というものです。

この「20分」という時間の縛りがキモです。

その日にあった出来事を、限られた時間内で簡潔にまとめられるようになると、伝えたいポイントを絞る「要約力」が身につきます。

要約力は設計者にとって、設計の重要ポイントを一言で説明するための大きな武器です。なぜなら、話は短く伝えれば伝えるほど相手に響き、強く印象に残すことができるからです。

もう一つ、ＳＮＳに投稿することで、人に共感してもらうためのワードチョイスにも意識が向くようになります。そこにクスッと笑えるオチまでつけられれば、もう完璧です！

そしてこれは、後述する設計者にとって大切なスキルの一つである「**言語化能力**」を磨くことにも大いに役立ちます。

その日にあったことをただ「楽しかった」と書くだけではあまりにもったいない。せっかくの刺激的な体験をドブに捨てるようなものです。短時間にその日にあったことを要約し、アウトプットする習慣を身につけることで、家に着く頃には、その日の出来事は自分の中に整理されて血肉となっていることでしょう。

電車に揺られているときくらいは仕事を離れてという考えにももちろん共感しますが、ちょっとした時間の使いこなしで、人の何倍も仕事がデキるようになるはずです。

## 3 その人になりきる

住宅の設計を依頼する建て主には本当にさまざまな方がいます。性格や職業も違えば、リビングでのくつろぎ方や、収納の流儀一つとっても十人十色。当然、最初のヒアリングや設計の打ち合せでも、相手に質問する内容は多岐にわたります。

建て主からの多様な要望を聞きながら設計を進めるため、ときに住宅の設計は「受け身」の仕事だと思われがちです。けれども、すべて言いなりではダメなのです。後述しますが、こういう設計のスタンスを「御用聞き」と言います。

そもそも建て主は、自分たちではどうしていいのかわからないから設計者に依頼したいという想いもあるはずです。そんな相手に、「どんなプランにすればいいですか？」と一から十まで訊くのはナンセンスです。

では建て主の要望は聞かないで、「私ならこうする」と一方的に提案すればいいのでしょうか？

それも違います。

「私ならこういう空間をつくる」ではなく、**「その人ならこういう空間が欲しいだろうなと考える」**、つまり共感するということです。

私たち設計者には、設計における知恵や経験があります。だからこそ私たちは、相手の思考を自分にインストールすることで、その人に代わって問題を最善の解決に導くことができると思っています。たとえるならば、**設計者は「イタコ」のような存在**なのです。

相手の想いを自分にインストールするには、とにかく人間観察するしかありません。

その人のしぐさや話し方に始まって、こちらの問いかけに対する受け答えの様子まで、その思考回路をトレースするのです。

そして次に「この人はこういう提案をしたら喜ぶにちがいない」「この人ならきっとこう言うにちがいない」と想像（妄想？）を膨らませていきます。

これはまさにモノマネ芸人が、対象となる芸能人をそっくりに真似るのと同じプロセスと言えるかもしれませんね（私は、設計にはお笑いの要素が必要だと思ってい

ます。それについてはのちほど）。しかもモノマネ芸人は、実際に本人が言ったことがないことまでも、いかにもその人が言いそうなセリフに変換してみせるのですから！

建て主になりきって、建て主が「そうそうこれ！」と心の奥で求めていたもの、あるいは「想像もしていなかったけど、私たちにぴったりだ」というものをつくり出す。住宅設計に求められている創造性とは、実はそういうことではないかと思っています。

# 建築と建物の違いとは？

「建築」と「建物」の違いについて明確に答えられるでしょうか？

英語に直せば、建築はarchitecture、建物はbuildingです。前者はやや高尚で美しい建物のこと、一方の後者は実用性重視、あまりデザインのことは考えていない建物のことでしょうか。建築学科の学生にこの質問を投げかけると、だいたいそんな感じの答えが返ってきます。おそらく社会的な認識としても当たらずとも遠からずでしょう。

「建築とは何だろう？」

設計者であれば一生をかけて自分に問い続けなくてはいけないテーマです。私のそれに対する答えもそのときどきで異なりますが、今はたとえばこんな風に考えています。建築とは「こうありたい、こうなりたいと願ってつくるもの」だと。

建物を建てようとする方の多くの動機は、自身の等身大の要求を反映したものだったりします。「家が狭いので、広い家に住みたい」「地震が怖いので、丈夫な家が欲しい」という具合に、現在抱えている不満や不安を「AだからB」という具合に、わかりやすく解消することを求めるのです。

しかし「建築」とは、「本当にそれだけでいいのか？」と問うところから始まります。もちろん広さや耐震性能は住まいにとって大切な要素です。ただ住まいに大切なものはそれだけではないはず。だとしたらそれっていったい何だろう？　ほら、考え始めたあなたの胸の中はすでにザワザワしているはずです。

建築を考える思考回路には、必ず一定の「飛躍」が求められます。「AだからB」ではなく「AだけどC」という具合に。そのときの思考のプロセスは常に自由で、ワクワクするような楽しさにあふれています。

建て主は、思いのほか固定観念にとらわれているものです。「今がこうだから、未来もこう」と思う方も少なくありません。ところが今行うアクションで、未来はいくらでも変えられます。もしあなたがそれを望むのならば！　それが建築の魔法です。

私たちの仕事は、建て主の「こうなりたい、こうありたい」に寄り沿う仕事です。御用聞きではいけません。相手の伸ばした手が、届くか届かないかギリギリのところにあるビジョンを共有して伴走し、しっかりと相手をそこまで送り届ける。そこまでが私たち設計者のミッションであり、「建築」をつくることなのではないでしょうか。

## 4　家中にメモ帳を置く

私は、仕事で大切なことの一つは、**時間をコントロールすること**だと思っています。すぐに済むような案件や雑務を積み上げ、結局その人待ちになって仕事が滞り、周りに迷惑をかけるという場面がよくあります。催促されてから慌てでする仕事はクオリティが落ちますし、時間をかけるべき仕事に集中できないという悪循環にもつながります。ただでさえ設計という仕事は、一人でこなさなければいけないことが盛りだくさんです。時間を上手くコントロールできなければ上手い設計は到底できません。

ところが私は、とにかく忘れっぽい性格です。何か手を講じないと、やるべきこともどんどん忘れてしまい、時間のコントロールどころではありません。

設計のちょっとしたアイデアもそうです。図面に向かってウンウンと唸っているときはなかなか良いアイデアが浮かばず、街を歩いているときやリラックスしているときに限って何の脈絡もなくアイデアが降ってくることがあります。ただそのままにすると、せっかく思いついたアイデアも幻となってしまいます。

そこで私は、次の二つを実践しています。

一つは「**すぐにやる**」ということ。脳内メモリが消える前に大急ぎで仕事を片付けます。私のメール返信の早さはよく驚かれますが、そうしないと返信を忘れてしまいそうで落ち着かないのです。

もう一つは「**忘れないようにメモを取る**」ということ。とにかく目の前には常にメモ帳があるようにしています。なんだ、そんなことなら自分もやっていると思うかもしれませんが、私の場合は徹底しています。寝室からダイニングに行く途中ですらもう忘れてしまうといった具合なので、寝室やダイニングはもちろん、車の中や浴室にもメモ帳を常備しています。

スマホのメモ帳機能を使えば、もっと手軽だと思われるかもしれません。しかし、私は家の中ではスマホは持ち歩きませんし、スマホに入力したことさえも忘れてしまうので意味がありません。その点、紙のメモ帳ならメモをちぎってポケットに入れておけば、手を入れれば必ず気づきますので忘れずに済みます。

また一見関係のないバラバラの言葉が、ふとメモを見返すことでつながって、いいアイデアとなったという経験もたくさんあります。

もちろん、紙のメモにしろ、スマホのメモ機能にしろ、**メモを残すだけでは不十分**です。書き残したことをきちんと処理することができて、はじめて時間をコントロールすることになります。

私の場合、朝食を食べながら、ダイニングのメモ帳に今日やるべきこと（ＴｏＤｏ）をどんどん書き込んでいきます。仕事にとりかかる前に脳内を整理して優先順位をつけると、仕事のスピードが格段に上がることは経験からいって間違いありません。仕事を開始して最初の30分〜1時間で、整理したＴＯ ＤＯメモを超特急で処理していきます。１通のメールを打つ時間はほんの数分。済んだらメモはどんどん消していきます。こうすることで、あとの時間はクリエイティブな仕事にギアを入れていくことができるのです。

**常にやるべきことを「見える化」して、優先順位をつけて取り組む**。そう、忘れっぽい人ほど仕事がもっとデキる可能性を秘めているのです！

## 5 美的感覚（センス）を磨く

自分には美的感覚（センス）がないと悩む人は多いと思います。たしかに設計の仕事にはセンスが必要です。けれども、「私にはセンスがない」と悲観的になる必要はありません。**センスは後天的に磨くことができる**からです。

センスを磨く方法の一つは、すでに言い古されていることですが、「良いものを見る」こと。これに勝るものはありません。

**自分の中に「美しいもの」とそうでないものを見分ける基準（定規）を持つ**ことで、設計における無数の判断をつけることができる

ようになります。話題の美術展や、古今東西を問わず名建築と呼ばれるものは、とにかく足を使って見ます。そこで感じた感覚や感動は、奪われることのない一生の宝物になるでしょう。

次に、「**良いモノを使う**」こと。高い安いではなく、自分なりの価値観でモノを選んで、それのどこがすぐれているのかを、日々使い続けるなかで感じたり発見したりすることが大切です。格好良いと思って買ったけれど使いにくかったとか、地味だけど使っているうちにその良さに気づいたとか、使い続けることができるデザインには何があるのかを日々考えることは、センスを磨くことにもつながります。

たとえば車。世間での売れ筋は、燃費や安全性能の高い車だと思いますが、どこかそんなことには目もくれず「こういうデザインいいでしょう？」というドヤ顔をした個性的な車は、ガレージに置いておくだけでワクワクするものです。機能は決して至れり尽くせりではありませんが、デザインの楽しさってこういうことだよなと、乗るたびに初心を思い出させてくれる気がします。もし自分が本当に気に入ったモノが見つかったときは、惜しげもなくお金を使ってみてください。

もう一つ、建築設計のセンスを磨く方法があります。それは**「良い空間に住む」もしくは「泊まる」**ことです。普段は安いアパートや狭い部屋に住んでいたとしても、旅行では、一泊だけでも良質なホテルに泊まってみる。すると、本物のホスピタリティとは何かを理解できるはずです。

**一般教養としての建築やデザインの知識も身につける**ことも、なかなか侮れません。建築雑誌や建築家の作品集を眺めることが、自分の建築設計のボキャブラリの引き出しを増やすことにつながるからです。

最近では、建築やデザインに詳しい建て主が増えて、私も建築のプロでありながら舌を巻くことも多くなってきました。私は過去に建て主から「ズントーアトリエのファサードの感じで」と言われてびっくりしたことがあります。私はスイスの建築家ピーター・ズントーが好きで、それが何を意味しているのかすぐにわかりましたが、「なんですかそれ？」という具合にならなくてよかったとつくづく肝を冷やしました。「建築の一般教養」を身につけることにはこういう効能もあります。

## 6　お笑い芸人に学ぶ

さきほど、モノマネ芸人の話のときに少し触れましたが、私には「**設計者はお笑い芸人に学べ**」という持論があります。

「設計」と「お笑い」。一見全く関連がなさそうですが、実はそうでもありません。お笑いは科学であり、お笑い芸人が駆使するさまざまなテクニックは、私たちの日々の設計にも役立つことばかりなのです。少し具体的にお話しします。

以下は、よく言われるお笑いに重要な三大要素です。

1　緊張と緩和
2　フリとオチ
3　天丼（たたみかけ）

**「緊張と緩和」**はお笑いの鉄則です。緊張している場面にふと和むような緩和要素が入ると、人は思わず笑ってしまいます。だからお笑い芸人は、オチを言う場面では絶対に笑いません。いかに真顔＝緊張を保ち続けられるかが勝負なのです。

これを私たちの日常の設計の場面に置き換えると、たとえば初回面談やプレゼンテーションの席などがまさに「緊張」の瞬間と言えます。ここで自分の緊張が相手に伝わりすぎると、上手くいく話も上手くいかなくなります。そんなときのために定番の話題（天気の話とかでOKです！）を用意して、ゆるい会話から入り、まずは場を和ませます。お笑い芸人が舞台袖から「どうも～」と言いながら出てくるそれです。これが「緩和」ですね。

建て主に説明する場面でも、緊張と緩和のテクニックが応用できます。たとえば建て主に話す内容は、必ずしも建て主にとって都合の良い話ばかりとは限りません。ときには否定的なことも伝えなければいけませんよね。そのようなとき私は**「否定から入り、肯定で**

**着地する**」ことを意識しています。

否定は緊張を生みます。ときには、人は否定されるとヘコんだり頭に血がのぼったりするものです。しかし話が肯定ベースで着地すると、一転して場が和み、相手も否定的と感じた部分を受け入れやすくなり、その後のやり取りも穏やかに進みます。

次に「**フリとオチ**」です。設計でのフリとは、たとえば**敷地条件や要望事項**といった設計条件です。言い換えると、設計とは、これらのフリにどう応えるか（＝オチをつけるか）ということです。

オチのつけ方にはいろいろあります。たとえば「予算がない」というフリに対しては、「安い素材でつくりましょう」というものから「質は落とさずコンパクトにつくりましょう」というものまで幅があります。予定調和を破り、想像のつかない落差のオチであるほど笑いは大きくなるように、**設計の場面でも落差の大きいオチは感動を生みます。**

過去に絶景の見える傾斜地の家を設計したことがありました。はじめて敷地に足を運んだときに感じたのは「この崖の向こうにダイブしたい！」と思えるような解放感。そこで提案したのは、眺望を室内に取り込むのはもちろんのこと、崖の向こうにまさに〝ダイブ〟するように大きくはね出した木造キャンチレバーの空間でした。

「DIVE」(2014年)

実はこれは工事費を抑えるために基礎面積を小さくするという解決との合わせ技でもあったのですが、ただ窓を大きくするだけでなく、「はね出し」という構造のダイナミズムを掛け合わせることで、眺望というフリに対するオチを最大化した住宅になりました。

ただし、あまりにサプライズを狙いすぎると、相手の思いや意図をも追い越してしまい、いわゆる「大スベリ」という大惨事にもなりかねません。

オチの落差調整も、お笑い芸人から学ぶべき点になりそうです。

最後の「**天井**」は、一度つかんだボケ(笑いのツボ)をたたみかけることで、その笑いをどんどん増幅するというものです。これを設計のプロセスに落とし込むとすれば、**一度決めた空間の骨子（ルール）を崩さず、それを繰り返す**ことでその空間の効果を増幅させる、ということになるでしょうか。

たとえば「中庭」に力点を置く設計を考えたならば、すべての空間を中庭とつながるよう設計する。「抜けのある設計」であれば、あらゆる窓から見える景色を計算し尽くす、などです。

建て主の嗜好をつかんだら、そのツボを離さずあらゆる解決にそれを重ね合わせるように提案をする。そうすれば、そうそう外すこともなくなります。

M１グランプリの決勝を見てください！　そこには設計が上手くなるためのヒントが無数に転がっているはずです。

「DONUT」(2012年)では、家の中心に中庭を設け、すべての部屋を中庭とつなげるように"天井"して配置した。暮らしが中庭を中心に展開するようにプランニングしている。

## 7　違和感を大切にする

世の中は「違和感」にあふれています。たとえば電車や車の車窓から街を眺めていたとき。そこには画一的な形をした住宅が建ち並ぶのが見えます。それぞれの家に住む人はみんな顔も性格も職業も異なるのに、どうして同じような家に住んでいるのだろう……。あるいは外食の場面で。感性あふれるシェフが素材の組み合わせや調理法を吟味し尽くした一皿をいただいているとき。しかしふと店内を見渡すと、壁紙は剥がれかけ、安物の照明がぶら下がっている。途端に心はざわつきはじめます。

設計を生業《なりわい》にする以上、**日常への違和感を持つことはとても大切です**。逆に設計者にとって最も罪なことは「鈍感であること」です。自分が鈍感であるために気づかないことを、違和感として常に感じ取っている人が世の中にはいることを忘れないでください。

さらにそうした問題意識を持っていないと、設計プロセスにおいて安易に筆をおいてしまい、その先にある、さらに繊細で輝きを放つ空間を設計するというステージに駒を進められなくなる可能性もあります。たとえば引き渡したばかりの住宅はまだがらんどうで、そこにどんな家具が置かれ、どんな生活が始まるのかはわかりません。けれども設計者にはそれが見えていなくてはならないと私は思っています。

**ご入居は、設計者にとっての答え合わせ**です。朝日の差し込む方向、窓の高さ、棚の位置、スイッチやコンセントの配置に至るまで、建て主の感覚や行動を先回りしたような設えが用意されていたとしたら、建て主は大きな満足感を得ます。

逆にそうでなかったとしたら、クレームをつけるレベルではないとしても小さな多くの違和感が心の中に生まれることでしょう。

違和感に敏感になるとは、必ずしも「神経質になる」ということではありません。TPOをわきまえながら、**自分の心のセンサースイッチを自在にオン／オフにする**というのもまた重要な肌感覚なのです。

隙なく詰めすぎてしまうとフレキシブルさに欠け、建て主にとっても生活様式が決めつけられているようで息苦しくなります。人間関係でもそうですよね。

**違和感を覚えない繊細さと大らかさのバランス**はとても難しいのですが、設計を進めるうえでも大きなカギを握るポイントだと思います。

## 8　すべての物事に「？」マークを付けてみる

では「違和感」を上手くキャッチするためにはどうしたらいいのでしょうか？

先ほど、上手い設計とは「共感性のある設計」であるという話をしました。共感が生まれるためには、**誰にでもわかる「ふつう」の考え方であること**が重要です。常識的と言い換えてもいいでしょう。

一方で、この「常識」がくせ者です。共感を得られる半面、ときには人を盲目的に従わせる悪しき慣習にもなりかねないからです。

そうならないように私は、**すべての物事に「？」マークを付ける**ことを心がけています。一般に「そういうもの」とされているものに疑問符を付けてみると、途端にそれらはあやふやで不確実なものに変わります。

たとえば、プランニングの定石に「自然光は南から採り込むべき」というものがあります。これを、「自然光は南から採り込むべき？」とすると、その瞬間、本当にそうなのだろうかという気がしてきます。

「隅切りの家」(2013年)

実際、市街地で南側に隣家が迫る敷地では、無理に南側に窓を設けるのではなく、東西、場合によっては北側に大きな窓を設けるという選択肢が有効であることもあります。私が2013年に設計した「隅切りの家」がその例です。「隅切りの家」は、ダイニングの前面に満開の桜がパノラマのように広がる住宅です。この空間が開いていている方角は北です。

実は、もともと建っていた既存住宅は、この北側の景色に対して壁をつくって閉じ、逆に隣家の外壁や空調室外機しか見えない南側だけを開くプランでした。まさに「**常識は非常識**」の典型例です。

**問題解決の出口が見つからなくなったとき、「○○すべき」という言葉が出てきたら要注意**です。すかさずそこに「?」マークを付けてみてください。

仕事に限らず、日常生活においても同じです。たった1文字「?」を足すだけで、たちまち、ちゃぶ台をひっくり返したような劇的効果を発揮します。

度が過ぎると、ただの偏屈な人になりかねませんが、そんな「?」マークの眼鏡をかけたつもりで、街に出ていろんなものを眺めてみましょう。きっと今日から世界が変わったように映るはずです。

## 9　スケール感覚を身につける

最後にお話しするのは、「スケール感覚」についてです。

大学で設計を教えていると、多くの学生がスケール感覚を無視して設計していることに頭を抱えたくなることがあります。

スケール感覚は、建築において要の感覚であると同時に、**設計手腕の確かさをはかる指標の一つ**です。

スケール感覚は、美的感覚（センス）同様、すぐれた空間に足を運びその感覚を体感に落とすこと、つまり良い建築に触れることで養われるとも言われます。

ただし、必ずしも名建築を見に行かなければ磨けないわけでもありません。コンベックス（メジャー）さえあれば、日々の暮らしのなかでも十分にその感覚を磨いていけます。

それでは建築設計に必要なスケール感覚とはどのようなものでしょうか。

私は住宅設計に関しては、**「広さよりも狭さ」「高さよりも低さ」**の感覚に敏感になったほうがよいと考えています。

人は先入観から切りのいい寸法に寄せがちです。しかし、寸法が数センチ変わっただけでも、全く違うスケール感覚が生まれるはずです。こうしたことを実感することが、スケール感覚を身につけるうえで重要なのです。具体的な数字を決めるのはそれからです。

わが家のキッチンは、キッチンカウンターと背面カウンターとの幅が60センチしかありません。通常ならば90センチくらいとるところなので少し狭いのではと感じるかもしれません。ただ実際に体験するとわかりますが、60センチというスケールは、作業には全く問題がなく、むしろいろんなものに手が届く心地良い寸法であることがわかります。

窓の高さなどを決めるときも同様です。寸法を決め打ちにせず、一つひとつを**自分の身**

**体感覚や、そこに住まう人の目線になって導いていく**と、それらは自ずと説得力のあるスケールに落ちていくものです。

世の中には、適切な寸法を指南する設計資料集や参考書が数多く存在します。もちろん、そうした書籍にある寸法は長い建築の歴史に裏付けられたもので、参考にはなります。ただ、それらを盲信し、自らスケールを考えることを放棄したとしたら本末転倒です。

借り物のスケールではなく、すべて自分の身体感覚から考えるという日々の習慣こそが、スケール感覚を磨く最高の方法なのです。

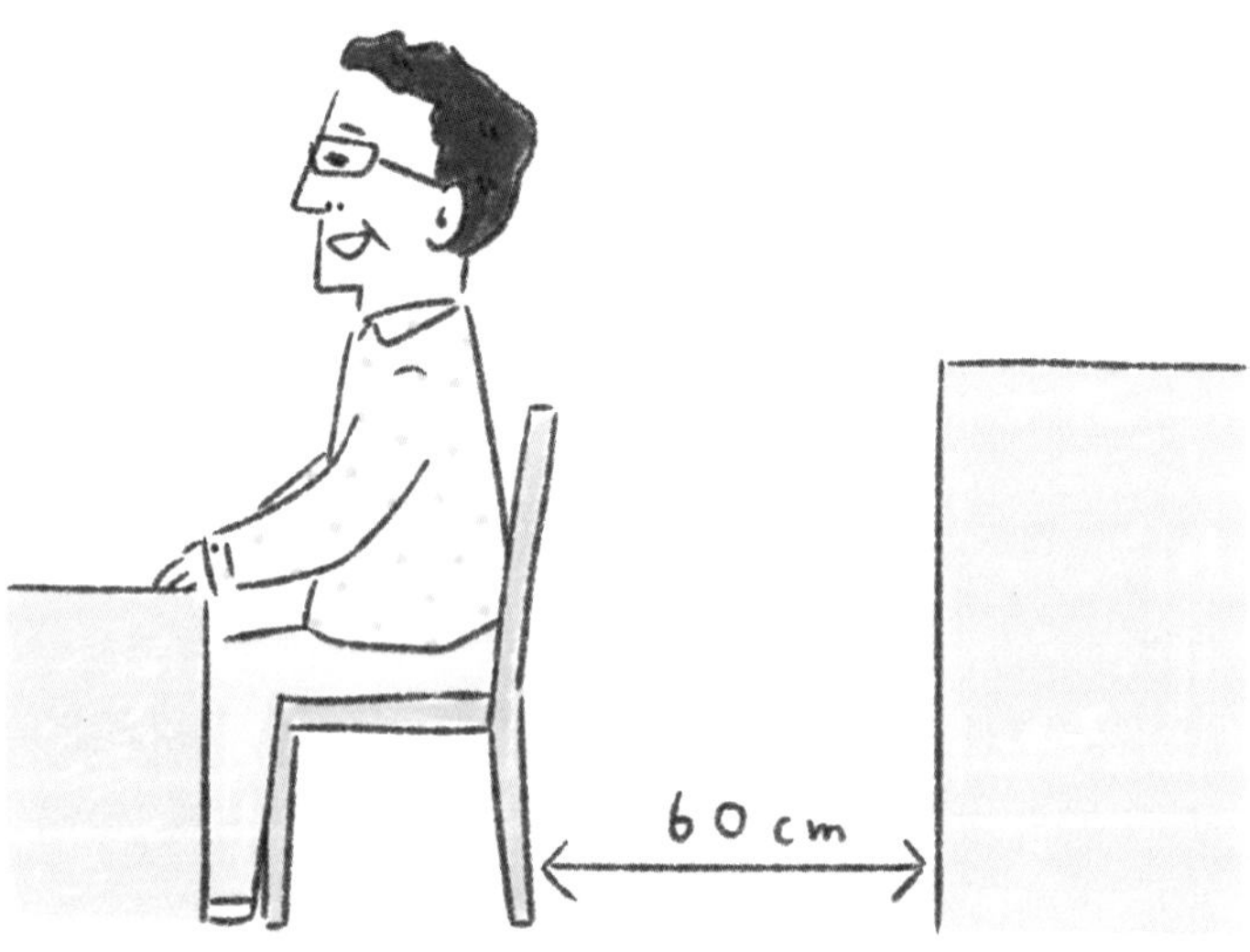

# 日々の〈ふつう〉の積み重ねが設計を上手くする

ここまで、上手い設計の基本をつくる9つのことについて触れてきました。もしかしたら、読者にとっては必ずしも目から鱗のことばかりではなかったかもしれません。すでに実践していることも案外多かったのではないでしょうか？

これまで紹介した9つのことは、誰にでもある日常であり、同じように生活するなかに隠れた気づきのようなものばかりだからです。しかし、それこそが尊いことなのです。**真にクリエイティブなことは、意外にも凡庸な日常から生まれている**ということにもっと気づいてほしいと思います。

建築雑誌を開くと、ため息が出るような素晴らしい空間が目に飛び込んできます。それに引き換え、自分のつくり出す空間はいかに凡庸なことか……。建築の世界において「ふつう」であることは、ときに自分の立ち位置を見失いかねない悩ましい問題をはらみます。しかしそれでも私は、何か新しいものを生み出そうとするとき、その始まりのポイントには常に「ふつう」があり、**「ふつう」が何であるかを深く理解することからすべての設計が始まる**、と信じています。なぜなら「ふつう」とはゼロポイントであり、物事をはかる万物の定規にもなるからです。

こう考えるのには理由があります。私たちが携わる建築やデザインの世界には、長い歴史があります。今こうしている間にも、新しいものや価値が次々とつくられています。今まだないものをつくり出すことはクリエイティブなことかもしれませんが、それではすでにあるものは古くさくて意味がないものなのでしょうか？　決してそうではないはずです。

なぜなら、それらはかつて「まだないもの」だったからです。世の中を少しでも良くしようと思って先人たちがつくり出してきたもの、それが今の私たちの「ふつう」であるということを忘れてはいけません。

「ふつう」が何であるかも理解せずに、やみくもに前衛的な作風に走る人がいますが、これは完全に地に足が着いていない状態といえるでしょう。一線で活躍する建築家にはそのような人はいません。

**「ふつう」を理解するとは、一般の人たちがどのような感覚を持っているのかを肌感覚で受け止めること、つまり「共感」するということ**です。共感なきところには感動は生まれません。ですので、設計が上手くなりたいと思ったら、日頃の生活では努めて「ふつう」の感覚を持ち続けなければなりません。市井に身を置き、「ふつう」の生活を送るからこそ気づくことはたくさんあります。生活者への理解と共感こそが、すぐれた住まいをつくるのだと、私は信じています。

駆け出しのころ、ある建て主からこんな要望を出されたことがありました。

「お箸のような家にしてください」

その心は、「箸はたった2本なのに、つまんだり突いたりあらゆる食事ができる。そんな家にしてほしい」ということでした。上手いことを言うなあと感心しました。

予算が厳しくて、細かい要望は言えないと建て主も思ったのでしょう。コストを極限まで抑えるためにその家では特殊な工法はいっさい使わず、仕上げを大胆に省き、最後はまさに2本の箸のようなストイックな家になりました。建て主はがらんどうのようなその家を、楽しみながらＤＩＹで手を入れて住みこなされていました。

未完成のようにも見えるその家を洒落で「みかんハウス」と名づけたのですが、「ふつう」を寄せ集めたつもりがどこから見ても「ふつう」には見えない佇まいとなり、初期の仕事のなかでも気に入っている住宅の一つです。

「ふつう」を理解したうえで、次にそれを疑ってみる。その過程で発見した**「違和感」と向き合い、それを排除して再構成したものが「新しい価値」**と呼ばれるものになります。

そのとき「ふつう」との落差が大きければ前衛的に、小さければ保守的で大人しいデザインになりますが、大事なのはその見た目ではなくそこで何を考えたかなのだと思います。

「みかんハウス」(2005年)

Chapter 2

# 住まい手の「こうありたい」に応える設計

## 着地点は、住まい手の満足のために

Chapter1で解説した
基礎トレーニングの実践編。
ヒアリング～プランニング～プレゼンまで、
設計の進行順にそれぞれの
ポイントを紹介します。

# 設計が上手くなるために必要な3つの心がけ

Chapter1では、日常の実践によって高められる、設計が上手くなるための意識や心がけについて紹介しました。

ここからはもう少し具体的にポイントを絞って、設計が上手くなる方法について考えていきたいと思います。

先の意識や心がけの数々を整理すると、3つの要素に集約できます。**「聞く」「提案する」「表現する」**です。

これらには、建て主から注意深く話を聞き、そしてそれを自分なりに咀嚼して提案につなげ、表現を工夫してわかりやすく相手に伝える、というプレゼンテーションの一連の基本的なスタンスが凝縮されているといえるでしょう。

また、設計を進める際にも、仕事に行き詰まった際にも見直すべきベンチマークにもなります。

まずはポイントについて、もう少し掘り下げてみましょう。

# 「聞く」＝建て主の「こうありたい」を引き出す力

「人の話をちゃんと聞きなさい」

私たちはこれまで何度この言葉を聞かされてきたことでしょう。そして「ちゃんと聞いています！」と口を尖らせて反論したことも数知れず。

でも、もしかしたらあなたの「聞く」は、**本当の意味で「相手の話を聞く」になっていないのかもしれません**。人の話を聞くというのは、実は難しい技術を要することです。では、どうすれば「相手の話を聞く力」を養うことができるのでしょうか。

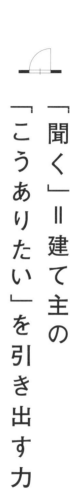

## まずは自分の心をひらく

相手の本音を引き出すためには、**まずは自分が本音で話さなくてはいけません**。嘘はダメです。建て主の話を「聞く席」では、設計者は裸になり（文字どおりではありませんよ！）、自分のダメダメな姿すらもさらけ出すことで、ようやく建て主も一枚、また一枚と心に着込んだ服を脱いで本音を語ってくれます。

たとえば、建築雑誌に載っているような洗練された空間で、ドラマのような生活をしている人は世の中にどのくらいいるでしょうか？

私が自分で設計した自邸も、竣工写真の姿はよそ行きの顔です。ふだんはだらしない格好でテレビの前に横たわっていますし、片付かない物たちがリビングのあちこちに積み重なっています。所詮、人間の生活なんてそんなものではないでしょうか。

そんな話をあけすけに話すと、設計者であってもそうなのかと途端に安心してくれます。「うちもそうなんです！」という話で盛り上がり、「だからこういう収納をつくっておくと便利なんですよ」なんて話をすると、とても共感してもらえます。

私はいつもスタッフに、**建て主と「友達」になるように**と話しています。誰しも上司の前では緊張して本音は吐けませんが、友達の前ではつい心を許して愚痴の一つも言いたくなるものです。タメ口こそ利くことはありませんが、マインドは設計者と建て主は常に対等を心がけています。

そのためには最初から心は全開、ノーガードを貫きたいところです。

## 文字ではなく、生の言葉や表情を大切にする

建て主との打ち合わせで交わされる情報の量は膨大です。しかし私たちの事務所では、事後の打ち合わせ議事録はつくりません。私や傍らに座るスタッフがノートに記したメモが、そのまま議事録になります。3〜4時間の設計打ち合わせの内容を議事録にまとめるのに時間がかかることも理由の一つですが、大事なことは、**記録することではなく、どう咀嚼するか**だと考えているからです。

咀嚼が上手くいくと、1時間の打ち合わせ内容を一言で表現することさえ可能になります。また咀嚼の過程で直感力が冴えわたり、建て主が次に発する言葉さえも予想できるよ

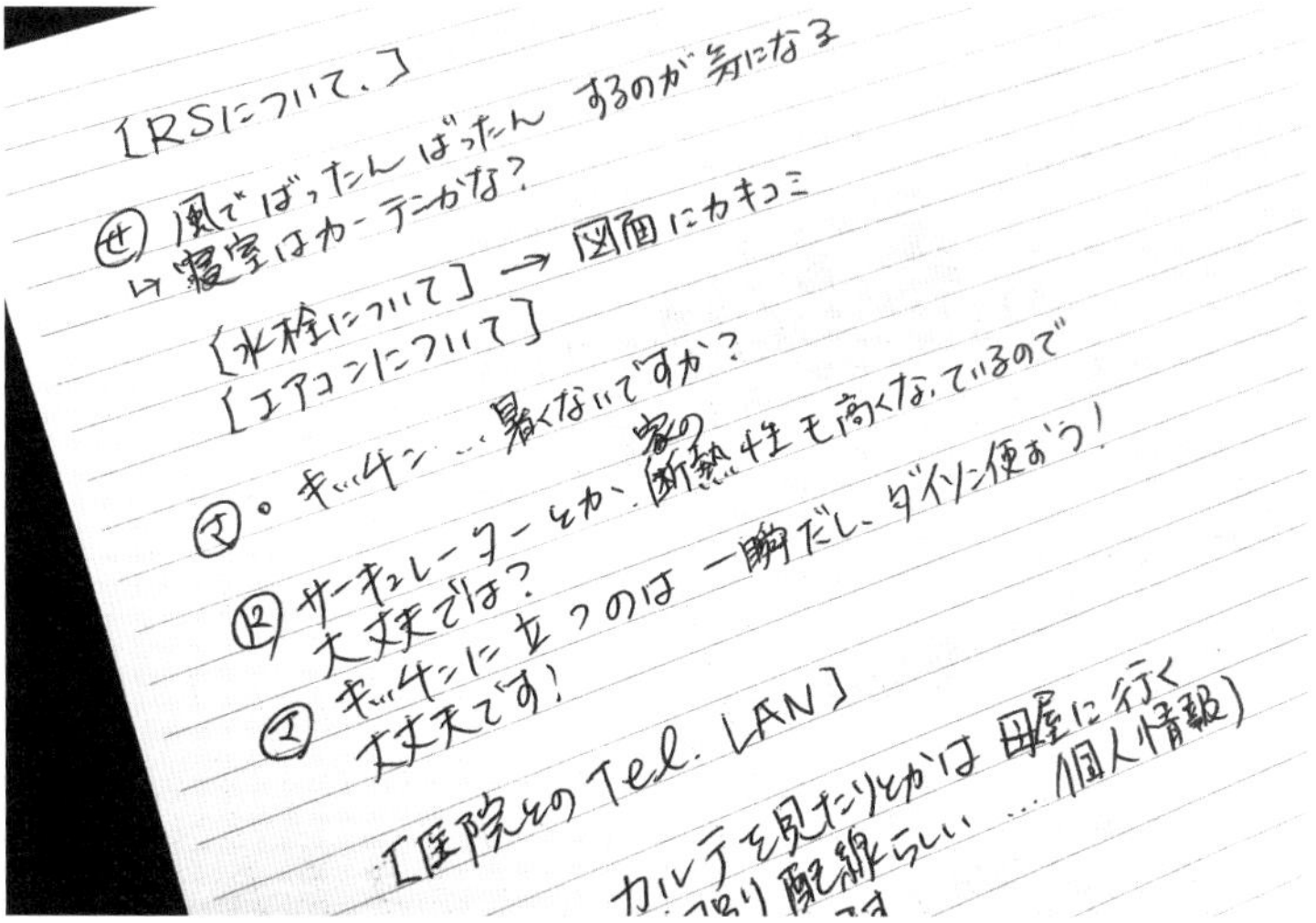


打ち合わせの際のスタッフによる議事録メモ。誰が、どんなニュアンスで話したか、端的に記録しておくだけでもその場の空気感を鮮明に残すことができる。

うになります。

咀嚼で必要なことは、相手の発する言葉そのものではなく、**その場の空気感や言葉の裏側にある感情に意識を向けること**。そして、**そこから相手の価値基準や思考回路を少しずつ理解していくプロセスが重要**になります。

そのため私は、スタッフにメモをとる際には、建て主の話した生の言葉のニュアンスを注意深く記録に残すよう指示しています。たとえば、建て主が「フローリングはナラ材で」と言ったとしても、迷いなくそう言ったか、迷っている感じだったか、ご主人の発言を聞いた奥様の反応はどうだったか、という具合に。

スタッフは時にイラストを描いたり、「！」マークなどを交えたりしながら、器用に「ライブ情報」を書き残してくれます。あとでスタッフと振り返ったときも、「あのときの言い方が気になったね」とか「奥様の表情が不安そうだったね」という感じで、決まった「事実（文字情報）」よりも、**その場の「空気」が大事な状況証拠になる**ことが多いのです。

実際にこんなことがありました。吹き抜け空間をどう思うか？と訊ねると、その建て主は「吹き抜けはいまいち」と発言されました。議事録にもそのままメモが残るので、それだけをあとで読み返すと吹き抜けはやめようとなります。

しかしノート脇には、「でも事例写真を見せたら喜んでいたので、意外とアリかも」と書かれていました。そのくだりでそのときのニュアンスを思い出しました。結局その案件では吹き抜け空間を提案し、結果的に喜んでもらえました。

無味乾燥な文字で杓子定規に作成した議事録は、事実の確認や「証拠」にはなっても、相手の本心までが反映されているとは限りません。「言った／言わない」という論争もここから始まります。

**その場にいた者にしかわからない情報こそがすべて**。耳で聞いた相手の声音にこそ真実が宿っているのです。

## モノではなく、コトをストーリーで理解する

Chapter1でも述べましたが、設計において建て主の要望を鵜呑みにしてはいけません。**建て主の言う「欲しいモノ」は、必ずしも「欲しいコト」を語っているわけではない**からです。だから打ち合わせの席で、相手が話す言葉の中に、わずかでも矛盾や引っかかりを感じたら「どうしてですか?」と忘れず問いかけてみましょう。

よどむ言葉の裏には、相手が考える「こうしたいから」という欲求やストーリーが必ず隠れています。それを引き出すことで、もしかしたら説明不足で、建て主の要望とこちら側の提案とがイコールで結ばれることに気づいていないだけのこともありますし、より合理的な方法を提案できることもあります。

たとえば、「インナーガレージが欲しい」という要望でも、その理由は車がいたずらされるのが嫌なのか、雨の日に濡れずに家の中に入りたいのか、はたまた高級車を置くことで金持ちだと思われたくないのか、さまざまあるはずです。そして、その理由によって提案すべき内容も変わってきます。最近では、そもそも車を持つ必要があるのかというとこ

ろまで掘り下げることもあります。

**相手の言葉の裏側にあるストーリーをどこまで掘り下げるかで、建て主に対しても思いもよらないような提案が生まれることがある**ということです。

## コミュニケーションの基本は質問力

友達や家族とならいくらでも話ができるのに、初対面や目上の人を前にすると緊張して無口になってしまう人は、意外と多いと思います。

私たちの事務所にも毎年オープンデスクに学生が来ますが、彼らを見ていると、どうも2つのタイプに分類できるようです。一つは「この機会を逃すまいと次から次へと質問をする学生」、もう一つは「こちらから話しかけないかぎり何も話さない学生」です。

後者の学生には、気を遣ってこちらからもなるべく話しかけるようにしていますが、私はいつも「もったいないな」と感じています。設計を学びたい、実務の現場を経験したいから研修を願い出ているのに、黙って過ごしていたのでは、得られるものが少なくなると思うからです。

**コミュニケーションの基本は相手への興味であり、それは煎じ詰めると「質問力」に集約されます。**何も話さない学生を前にすると、つい「この子は私には興味がないのだろうな」という思いになってしまいます。

歳の離れた目上の相手でも、相手への興味や関心さえあれば、友達のように話せなくても、聞きたいことは無数に出てくるはずです。「どうして設計の道を選んだのですか？」や「仕事で大変なことは何ですか？」など何でもいいのです。

相手への興味と関心を示し、それを言語化して適切にアウトプットする。それが「質問力」です。

そして**質問力は、はじめて事務所を訪ねてきた建て主とのやり取りで特に大切になるスキル**でもあります。少し緊張している相手に対して、まず示すべきは自分の相手に対する興味です。なぜなら、相手はあなたに興味があるから訪ねてきたのです。そこでハードルを下げ、むしろ自分のほうがあなたに興味があると示すことで相手の緊張は解け、ようやく関係がイコールになります。相手と「友達になる」ための第一歩といえるでしょう。

はじめて会う建て主に、いきなり共通の話題などを求めても無理な話です。最初は相手の職業や趣味の話から始めましょう。そして場が温まったところで、核心を突く質問をする。優秀な設計者はここで抜群の嗅覚を発揮します。

ゴール前を守る鉄壁の陣形にぽっかりと空いたスペースを見つけて、そこにキラーパスを放るかのように鋭い質問を蹴り込みます。「ご主人の意見について、奥様はどう思いますか？」とか「いっそ〇〇にするのはどうですか？」といった、かしこまっていては聞きにくい話や大胆な提案は、相手の距離感が近くなったときこそ効果を発揮します。

質問力を高めるために、私が実践している方法を一つ紹介します。

それは**セミナーなどを受講した際、最後の質疑の時間に「必ず一つは質問する」という意識で聞くということ**です。盛り上がったセミナーのあとで手を挙げて質問するのは勇気がいります。もしかしたら、せっかく盛り上がった場が自分の質問で冷めてしまうかもしれません。

ただ私の経験では、自分が「？」と思ったことを質問すると、案外ほかのみんなも聞きたかった質問だったりして場が和むことが多いのです。それにたとえ質問できずに終わったとしても、質問するために相手の話を聞いているので集中力も格段に高まります。

今日からあなたも、セミナーを受講した際には一つは質問をするよう心がけて、ぜひ質問力を磨いてみてください。

# 設計とは金の斧を差し出すこと

イソップ寓話に「金の斧、銀の斧」という話があります。川に鉄の斧を落とした木こりに神様が金の斧を差し出し、「これはお前の斧か？」と訊ねる、あの話です。

私は、**設計の仕事とは、「鉄の斧」を「金の斧」に変える仕事だと思っています。**

建て主が設計の打ち合わせで「広いリビングが欲しい」とか「収納がたくさん欲しい」といった要望を口にしたとします。その「広いリビング」や「収納がたくさん」はいわば鉄の斧です。その相手が発した要望＝「鉄の斧」を川底まで潜って取りに行き、「あなたが落としたのはこれですか？」と言ってさりげなく「金の斧」を差し出す。つまり、相手の要望より良いプランを提案する。設計者はこの神様の役割を担わなければいけないのだと思っています。

一方で、建て主の要望をもとにプランをつくったのに、なぜか建て主が満足しないという経験をしたことはないでしょうか？　その原因は、もしかしたら皮肉なことに「言われたとおりにした」ことが起因しているのかもしれません。鉄の斧が投げ入れられたので、鉄の斧を返した。いわゆる「御用聞き」というやつです。

建て主が発した言葉を鵜呑みにせず、「なるほど、つまりおっしゃっているのは○○○ということですね？」とこちらの言葉に変換しながら、少しずつ意味合いのステージを昇華させる。この噛み合うか噛み合わないかのギリギリの会話を続けることで、最後に建て主が手にするものが「金の斧」に変わるのです。

鉄の斧を金の斧に変える。これは誰も傷つけず、建て主に最上の満足を感じてもらいながら、設計者として最高の創造性を発揮できる唯一の方法だと思っています。

## 打ち合せで何をどう聞くのか

建て主の初期の要望を聞くヒアリング打ち合わせで、何をどのように聞けばいいのか？

それを知りたい読者は多いと思います。

ヒアリングで何をどう聞くかに正解はありませんが、ここでは一例として、私が実践しているヒアリング方法を紹介します。


まず、何を聞くか。

一軒の家の設計で聞かなくてはいけない情報は膨大で多岐にわたります。

家族構成に始まって、最終的にはキッチンの引き出しにしまう鍋のサイズまでもがヒアリング対象となります。ですが、最初からもちろんそんな細かいことは聞きません。もしそんな話が出たとしても、私は軽く受け流すようにしています。

大切なことは、**建て主がその住まいでどんな暮らしを実現したいと思っているか**です。

言い換えれば「ストーリー」であり、その原形を形づくる情報をいかにキャッチできるかがカギを握ります。

ところが往々にして建て主の口をつくのは、ストーリーよりも現実的な家の広さや家事楽なキーワードばかりです。その裏側にある、言葉にならない潜在的な要望をどう引き出すか。そこにあなたの聞き方が試されます。


ではどう聞くのか。

あなたがいくら口下手だからと言って、場を温めないまま緊張する相手に向かって開口一番「ご要望は何ですか？」と無粋に訊ねたらどうでしょう？

実は何を隠そうこれは、独立してはじめてのヒアリングの席でテンパった私が発した言葉です。そのあとに流れた気まずい沈黙と空気感は今でも忘れられません……。

こうした苦い経験を踏まえ、今は最初に本題とは関係ない雑談を短くして、少し和んだところで「どんな家にしたいかイメージはありますか？」とさらっと相手に訊ねます。この問いに答えを用意している人ならここからエンジンＭＡＸで話しが始まります。ただし、多くの建て主はここでいったんフリーズすることになります。

でも、ここまでは想定内です。少し固まった空気を見届けたら、そこから間髪を入れずにさらに具体的な話へと進みます。タブレット端末で自分の過去の事例写真を見せながら、今回の敷地を見ての感想や、そこから考えた方向性についても話をしていきます。

ここで大事なのは、**ここでの話はあくまで「フリ」であり、相手の反応を見るための「リトマス試験紙」だということ**です。アイランドキッチンの写真や、中庭と一体化するリビングの写真など、事例を見せながら話をしていると、ある写真やアイデアに触れた瞬間に「すてき！」とか「いいね」といった反応を示すことがあります。これが最初のフックです。

建て主のこうした反応から趣味嗜好をくみ取り、それを糸口に話をどんどん膨らませていきます。ネットショッピングでよくあるオススメ機能のように、「こういう感じが好みの方は、こんな感じの家も好きですよ」という具合に、一人ピンタレストのごとく、建て主の好みのゾーンをどんどん探っていくのです。

幹となる情報を得られたら、あとはかなりラクになります。「ということは、浴室はこんな感じですかね？」「個室ならこうですね」といった具合に、数珠つなぎでイメージを共有できるはずです。

もちろん、建て主自身が自分たちの好みを整理できず、はっきりと反応が返ってこないことも少なくありません。そのような場合でも、「嫌いではなさそうだ」と消極的承認のニュアンスも含めてくみ取るようにしています。

そうやって情報の断片をパズルのように積み上げていくと、おぼろげながら全体を構成するイメージの塊が見えてきます。映画の予告編のようなものと言えばいいでしょうか。その家が最終的に着地すべきゴールのようなもの、あるいはキーワードのようなものが見えれば、その家の設計はもう半分成功したようなものです。

ここまでが私なりのヒアリング手法のアウトラインです。あとのより細かい各論のヒアリング方法は、おそらく私の方法と、多くの読者のそれで大差はないと思います。

ヒアリングというと、取材記者や飲食店の店員のように、相手の発する一語一句を書き留めて、それをもとに設計しようと考える人もいますが、それでは相手の言葉に振り回されてしまい、あとで矛盾する要望の数々に頭を抱えてしまうことにもなりかねません。

そうではなくて、**相手の霧のかかったあやふやな言葉をその場で言語化し、自分の中の設計ストーリーに落としていく。**ここまでたびたび言語化が大切だと話してきたのは、こういう理由からです。

ヒアリングのまさにその瞬間から設計は始まっているのです。

# 手段と目的は分けて考える

建て主の要望をヒアリングしていると、どこか辻褄の合わない言葉が出てきたり、突拍子のないこと言っていると聞こえたりすることがあります。また時に整合性のある話でも、本心からそう言っているわけではない（しかし本人にその自覚がない）ということもあります。これは、建て主の建築に関するボキャブラリが限定されていることに起因するものだと思います。

考えていることを上手く言語化できず、わかりやすい単語に置き換えて伝えようとすることで不足が生じたり、本来意図していない別のものに置き換わったりする。たとえばその代表格に「和室問題」があります。

ヒアリング打ち合わせでは、かなりの頻度で「和室」の希望が出てきます。その理由を訊ねると、「お客さんや実家の親が泊まりに来たときのために」が一番多く、あとは「子どもやご主人の昼寝用」や「実家にもあるから」などという理由もあります。

建て主の要望に曖昧さを感じたとき、私たちがすべきことは、**「手段」と「目的」の仕分け作業**です。

「和室をつくる」は手段です。それに対して目的が「宿泊」や「昼寝」ならば、必要なのは予備室であって、畳でなくてもデイベッドやソファでよい可能性もあります。もし「畳の上で寝転びたい」が目的ならば、部屋の一部に畳を敷けば解決します。「来客」用ならば、どのくらいの頻度で来客があるかも確認する対象です。広くない家ならば、家族の生活空間を犠牲にしてまで、ほとんど使用しない部屋をつくることほど無駄なことはありません。

なにも私が「和室」を毛嫌いしこういうことを言うわけではありません。また建て主の要望をないがしろにしているわけでもありません。むしろその逆で、建て主が本当に望んでいる「目的」が何かを建て主と一緒に考えることが、本当の要望の実現に結びつくと考えているからです。

ほかにも「リビングは○畳」といった具合に、部屋の大きさを畳数で指定されたときも要注意。これらも家具の配置や空間の寸法の取り方で、畳数にかかわらず空間の広さ感をいくらでも演出できることを、私たちは知っているからです。

「手段」と「目的」はよく見分けないと、どちらも同じような顔をしているので騙されてしまいます。だからこそ仕分け作業は慎重に。そして建て主の言葉に頷きながらも、語尾に「？」マークを付けることをどうかお忘れなく！

# 「提案する」＝建て主の求めるモノ＋αの価値を提供する

次は提案力です。建て主に提案（プレゼン）をするとなれば、緊張からつい肩に力が入ってしまうものです。なんといってもそのプレゼン内容次第で、建て主の自分への評価が決まってしまうかもしれないわけですから。

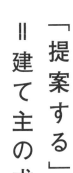

緊張する原因の一つは、**相手が何を考えているかわからないから**。人は得体の知れないものに対して恐怖を感じる生き物です。

かくいう私も最初の提案日は、朝からソワソワ。建て主との約束の時間直前までは、落ち着きなく、事務所の中をウロウロしています。「もしかしたら大きな思い違いをしていてプレゼンで大外しをしてしまうんじゃないか……」。そんな妄想が頭を離れず、さながら舞台袖で出番を待つ芸人のような心境です。

そんな時は提案の図面に目を落とし、自分なりに考えた設計の筋道（ストーリー）を何度も反芻します。自分が楽しいと思える提案はきっと相手も喜んでくれるはず！　そう思うことで気持ちは次第に落ち着きを取り戻していきます。これまで何度も触れてきた「その人になりきる」ということがここでも活きてくるわけです。

いざ建て主を前に提案を始めれば、すっかり心は平常心。あとは全力で伝えるのみです。

ここでは、提案（プレゼン）力を上げるために、心がけるべき具体的なポイントについて掘り下げてお話ししたいと思います。

## 建て主の立場や感覚を自分と同期させる

**提案内容が相手に伝わるとは、つまり「共感」を得られたということ**です。建て主の立場や感覚を自分のそれと同期させ、同じ立ち位置で同じ方向を眺めたときにはじめて共感は生まれます。

ただ唯一、私たち設計者と建て主とを隔てる違いがあります。それは「私たちは建築に関する課題解決のプロ」であるということです。建て主と同じ方向を見ながら、そこにある課題点を見つけ出し、提案し、解決する。たとえば収納も、建て主は平面図だけを見てこれでは収納量が足りないと判断しがちです。

けれども平面図で描かれた1枚の棚板も、横から見れば5段の棚板があるとすれば、収納は単純に5倍。その一部を可動にしたり短くしたり、ちょっとしたアレンジであらゆるものを魔法のように納めることは可能です。

そうした至れり尽くせりのホスピタリティあふれるプレゼンを受けると、建て主は、まるで自分がレッドカーペットを歩いているかのような感覚に陥ることでしょう。

## 性能＝正義ではない

プレゼンでは、少しでも自分を良く見せようと背伸びをしたくなるものです。時にプロフェッショナルとしての格の違いを見せつけようと難しい言葉を使ったり、専門家同士でしか共感できないようなマニアックなこだわりを語ってしまったりすることもあるのではないでしょうか？

しかし、**生活をするとは日常を生きるということ**です。

建て主にとっては「ふつうが一番」なのです。たとえば、提案した建物の断熱性能がすぐれていることを強調したいがために、断熱性能値の少数点へのこだわりを熱く語る場面もあるかもしれません。もちろん断熱性能が高いことは素晴らしいことですが、建て主にとっては案外ピンとこないことも多いようです。それよりも、四季を通じて五感で感じる快適性のほうが建て主の幸せにつながることもあるかもしれません。

逆に、建て主のほうが数字にこだわるということもあります。研究熱心なのは良いことですが、一部の専門家の言説に振り回されてしまうのも考えものです。大切なのはバランスです。仮に多少性能が劣ったとしても、通風や採光、空間のプロポーションや解放感などバランスの良い住まいの持つ快適性には適わない、と私は信じています。

時には専門家の鎧を脱ぎ捨てて、そんな素朴な投げかけをすることが何より相手の心に届く言葉になることもあります。

## プレゼンでは自分の違和感を大切にする

人はつい自分でも感じている違和感にフタをして、「仕方がないこと」としがちです。設計の場合、技術、法規、コストなども違和感の要因となることが少なくありません。

たとえば、建て主からの寄せられた多くの要望をむげにできず、「無理があるな」と思いつつも、何とか力技で納めたプレゼン案。器用に納めた自分を褒めてほしい！とすら思っているのにその案を見た建て主から「ちょっと狭くないですか？」と言われ、がっくりと肩を落とす……といった経験は、誰でも一度はあると思います。

これは自分でも「無理があるな」と感じた違和感にフタをしたことが原因です。もしかしたら、いろいろと要望を出したその建て主が一番求めていたのは「広さ」だったのかもしれません。

もしそうならば、私たちがやらなくてはいけなかったのは、すべてを納めることではなく、どれかを捨てるという選択肢だったかもしれないのです。

違和感をしっかり感じ取れば、それを打ち消す改善案をつくることができます。また、現場の条件でどうしても改善案が見つからなくても、「きっと相手はこのことを指摘するだろう」という予測を立てておけば、それに対する善後策を用意することができます。

誤解を恐れず言うならば、プレゼンは非の打ち所のない案をつくることが目的ではなく、**どこまで相手に寄り沿った提案ができるかが大切**ということです。それができているならば、その建て主との契約はほぼ決まるといっても過言ではありません。

## 自分にないものは伝わらない

私は自分の中にある言葉だけを信じています。

私がそう考えるようになったのは、あるコンペの公開プレゼンでのことです。来場者の前でプレゼンをして、会場票の結果を加算しながら優劣を決めるという主旨のものでした。私はまだ駆け出しの頃で、人前で話をするということに苦手意識があり、かなり緊張していたのですが、格好をつけず自分が思っていることをまっすぐ伝えようと思って臨み、見事、グランプリを獲ることができました。

後日、会場にいた他の設計者から、「あのプレゼンはずるい！」と言われました。私が話し始めた途端、会場の来場者が私の話に吸い込まれていくのがわかったというのです。それを見てその人は、私がコンペを獲ることを確信したそうです。

そう言われても、私はただ、自分の思っていることや感じたことを素直に話しただけだったのでピンときませんでした。けれどその理由を考えてみて、一つの結論に達しました。

**「自分の中にある言葉だけで正直に勝負すれば、相手に伝わる」**

このプレゼンをきっかけにこのことを理解し、それまで人前で話すことが苦手だった私は、少しずつ人前で自信を持って話すことができるようになりました。

しばしば建築家の言葉は何を言っているかわからない、と揶揄されることがあります。たしかに、難しい文献から抽象的な言葉を拾い集めた話を聞くと、その人は頭が良いのだろうなと思う半面、限られた同業者以外には伝わらないだろうなとも感じます。

むしろ、現場で熟練した職人の言葉のほうがスッと腑に落ちることがあります。職人は現実の世界の中で実際に手を動かしモノを立ち上げる人です。彼らの言葉は経験に裏付けられており、道理が詰まっています。だから響くのです。

自分に根差していない言葉は、**ただの「音」でしかありません。**どんなに拙い言葉でも、それがときにタメ口のような言い方だったとしても、心から伝えようとした言葉は相手にしっかりと届くのだということを肝に銘じてください。

# 「表現する」＝共感を持って建て主にイメージを伝える

最後にお話しするのは、「表現する」についてです。

設計という仕事には、図面を描くことのほかに、プレゼンや打ち合わせなど、対外的に話したり原稿を書いたりする機会が多くあります。設計者には、インプットするのと同じくらい、アウトプットする能力が求められているのです。

ところが、案外アウトプットを苦手としている設計者は多いものです。私たちの設計者の仕事の価値は、相手に評価されてはじめて定まるというところがあります。相手に正しく自分の考えを理解してもらうためには、アウトプット力を高めなければいけません。

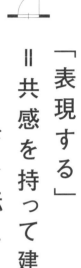

## 言語化のスキルを磨く

アウトプット力を高めるのに必要なのは、言語化スキルを磨くことです。そのために、今日から始められるトレーニング方法があります。

その一つが、Chapter1で紹介した電車移動中にSNSの文章をまとめること。ただそれ以上に効果があるのが**「日記をつけること」**です。

可能ならば、いわゆる公開形式で、書きたいときには長めの文章が書けるプラットフォーム（ブログやnoteなど）を使って、日記を書いてみてください。一定の長さの文章を人に読まれることを前提に書く緊張感は「伝える力＝表現力」のスキルを養います。

書くテーマは何でもかまいません。ただし、その日にあったことを「記録」として書くだけでなく、**必ず「考察」を書くことを心がけてください**。なぜならこれが苦手な人が多いからです。その日にあった小さな発見や、心に生じた違和感に目を向けて、心の中を上手く表現できる言葉や表現を探していきます。

はじめはなかなかの苦痛を伴う作業になるかもしれませんが、気持ちにピタッと合う言葉・表現を見つけたときは、ジグソーパズルの最後のピースがはまったときのような爽快感が得られます。

私は「ブログを書く」という習慣を、20代後半からずっと続けています。おそらく、その数はすでに数千本にのぼっていることでしょう。週に一度、心の中にふと浮かんだことを的確な言葉や表現を探してブログに書きます。ストンと自分の中に落とすことを繰り返すことで、次に似たような思いが生じても、その時の言葉を借りて的確にアウトプットができるようになっていきます。

結果、プレゼン力も飛躍的に向上しました。とにかく日々の積み重ねが大切なのです。

## 少しゆるめが共感を引き出す

完璧な人間が、完璧な表現で、完璧な提案をする。なんとも非の打ちどころがありませんが、同時に身も蓋もないというか、反論の余地も許さないような高圧さも感じられますよね。

人が人に共感するのは、同じ方向を見て同じことを考えているときだけではありません。

隙があったり、ちょっとだらけてしまうといった泥臭い部分を見た瞬間にも共感は生まれます。愛嬌とでも言いましょうか。「この人も完璧ではないのだ」「ああ自分と同じだ」とホッとするからかもしれませんね。

建築の表現にも、ある種のゆるさが求められる場面があります。

たとえば、最初に建て主と共有する図面は、キッチリしすぎないものが良いように思っています。設計者として隅々まで考えを巡らせることは当然のことですが、冒頭に書いたように、それを寸分の隙なく表現してしまうと、相手に反論を許さないような高圧的な印象を与えることもあるからです。

私たちの事務所では、最初の提案では敢えてフリーハンドで描いた図面を見せています。

フリーハンドの線というものは設計者の中にまだ迷いがあるかのように見えるのも魅力の一つです。迷いを感じる線を建て主は、自分たちを受け入れてくれる余地や余白のように感じるのではないかと思います。

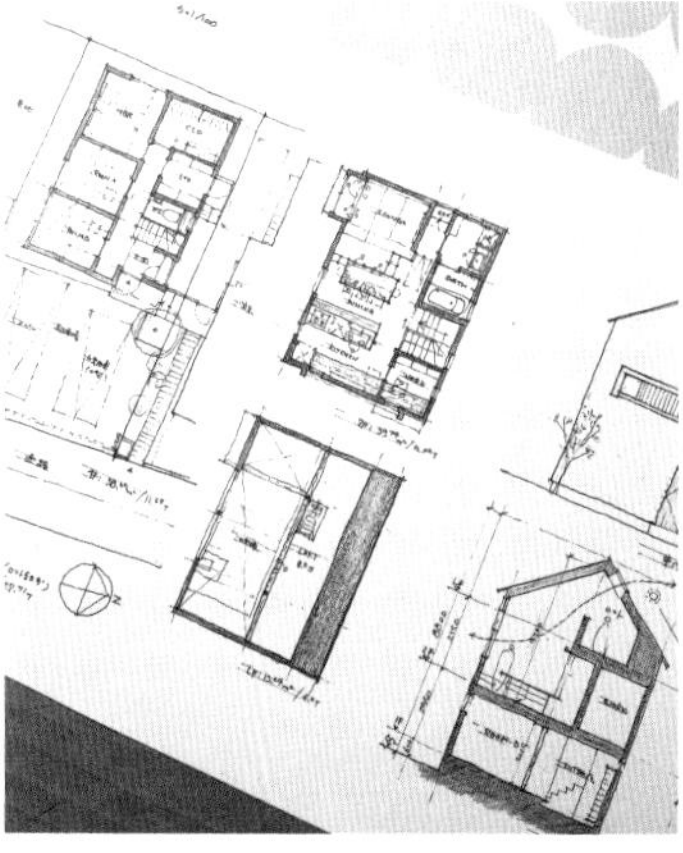

デジタルの時代、あえてアナログの力を信じたい！

# 設計のキモは基本設計にアリ

ここからはより具体的に、設計が上手くなる手法についてお話ししたいと思います。

私は、上手い設計のカギは、基本設計にあると思っています。一般的には、建て主との設計契約を結んでから始める設計を基本設計と呼びます。

ただし、設計契約前の建て主へのヒアリングや初期プランニング（ラフ）、ファーストプレゼンテーションなど、契約準備期間に実施する設計行為も、基本設計と切っても切れない関係にあります。だから私は、厳密にここまでが準備期間にすること、ここからが基本設計ですることと分けることはできないし、意味もないと思っています。

対建て主を考えた時、基本設計の主な役割は「間取りの共有」です。

一方で、設計者にとっては、基本設計は建物全体や諸室の配置、断面構成や開口部の位置に至るまでが凝縮した設計であると言えるでしょう。また詳細を描かないがゆえに、計画の方向性が間違いないかを大局でつかむのに最適な設計フェーズとも言えます。

私たちの事務所では、土地が見つかってからの計画準備期間に約3カ月をかけ、その後のいわゆる基本設計には最短で2~3カ月、長いときは半年以上もかけることもあります（次ページ図）。さすがに長いのではと思われるかもしれませんが、1~2カ月おきに建て主と打ち合わせして、その都度新たな発見や課題が洗い出されていくので、無駄な時間ではありません。建て主にとってもこの基本設計の時間が、設計内容をじっくりと血肉化する、大切な時間になります。

基本設計の段階で十分に内容が詰められていないと、実施設計に進んだときに思わぬ手戻りに苦しめられることになります。実施設計ほどの濃密な設計ではないので、肩の力を抜いてじっくりと設計案を詰めていきたいところです。

●…設計打合せ　●…ラフ提案　●…本提案（プレゼン）　△…必要に応じて
20XX年
6
7
8
9
10
11
12
1
2
3
4
5
6
（約4.5カ月）
見積・調整（約2.5カ月）
現場（約6.5カ月〜）
予備
●展開図確認
●建具確認
●設備確認
○見積提出
●見積調整
○地鎮祭
●上棟・外装確認
●植栽打合せ
●竣工検査
○引渡し
確認申請
●実施設計完了時40%
●竣工時30%
●契約時 10%
●上棟時 20%
●中間時 40%
●竣工時30%

## プロジェクト進行とお支払い時期のイメージ

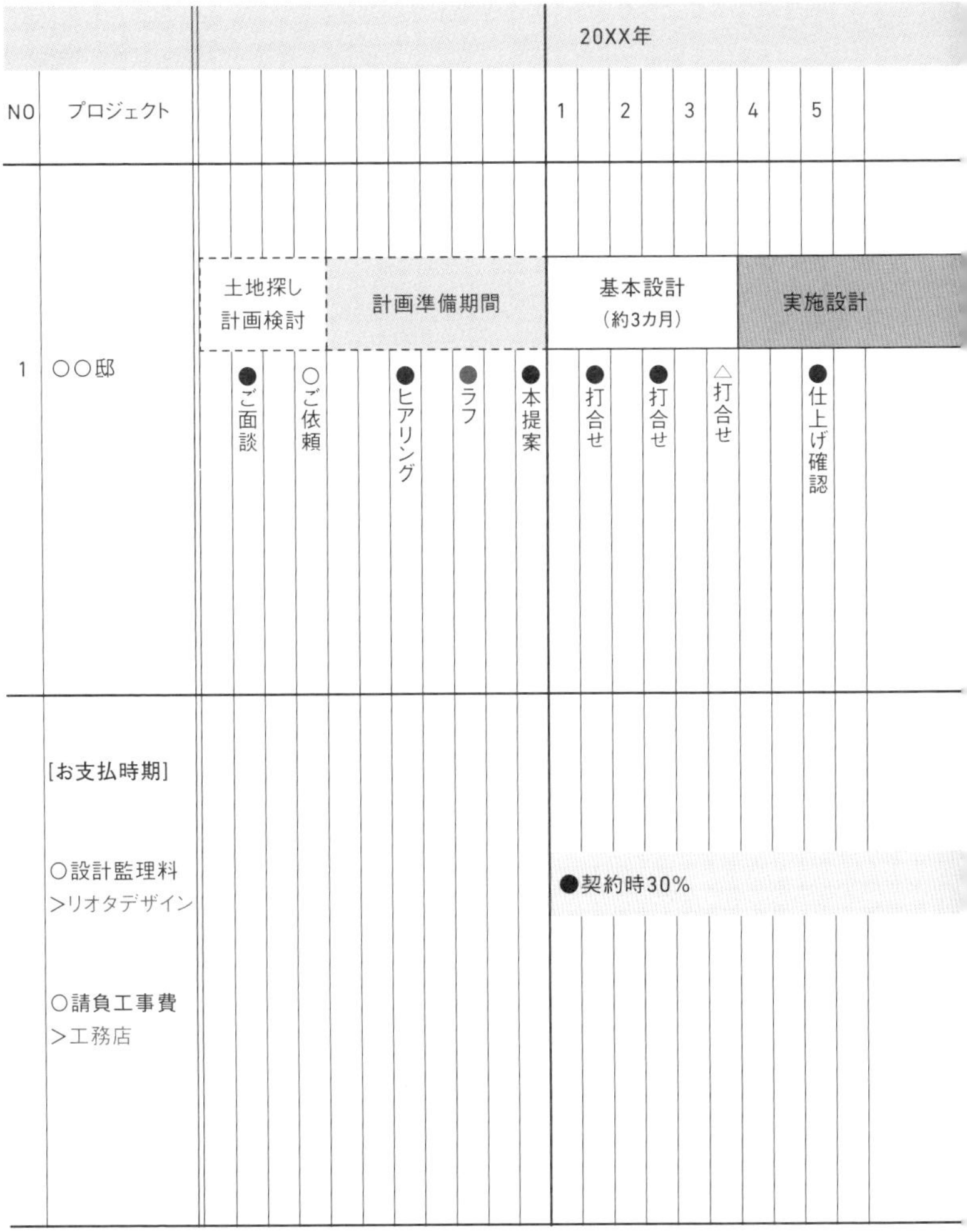

# プランニングを始める前に知っておきたいこと

ここからはようやくペンを握り、具体的なプランニングのプロセスへと駒を進めていきましょう。

まず、設計の核心に迫るような重要な話をしておきたいと思います。それは、もしかしたらこの本を手に取ったあなたが最も苦手としていたり、誰からも教わることなく独学で身につけていることだったりするかもしれません。

それはプランニングにおけるスケールの考え方や、プランニングのイメージをどう広げていけばよいかという点についてです。

## スケールは啐啄で考える

プランニングにおけるスケールの決め方については、木造であれば900ミリまたは910ミリの倍数で全体のグリッドを決めるのがセオリーです。

ただし私は、あらかじめグリッドが描かれたシートではなく、真っ白なスケッチブックでプランを描くようにしています。**プランにおける柱や壁をすべてグリッドに載せると、どうも窮屈で堅苦しい設計になってしまう**ように感じるからです。

前職の事務所の所長である棚橋廣夫氏に「建築は啐啄《そったく》である」と教わりました。啐啄とは卵の中のひな鳥が内側から殻を割って出てくるタイミングで、親鳥が外側からも殻をつつき、タイミングが一致することでひな鳥が卵から出てくる、いわゆる阿吽の呼吸のようなことを差す禅用語です。

私は、これを建築のスケールに置き換えると、住まい手の居心地の良いと感じるスケール（啐）に、設計上で適切な寸法（啄）を与えるという相互の関係性が大事だと解釈し、これまで実践してきました。

先のグリッドプランに話を戻すと、およそグリッドに載せたプランを細かく足し算引き算を繰り返しながら「啐啄」し、崩していきます。時にプランがいびつに変形することもありますが、それこそが有機的に美しい建築の入口になることもあるのです。

私が敬愛するアルヴァ・アールトのプランには、単純な長方形プランはありません。**グリッドを守りながらどう崩すか、ルールと自由のせめぎ合いのようなことを考えながら鉛筆を走らせると、より人間的でより深みのあるプランへと行き着きます。**

この手法は断面構成を考えるときも同様です。私の断面設計のセオリーは、「**高さは低く、低く**」です。手を伸ばせば届きそうなところに天井や軒があることで、本能的に人間は安息感を覚えます。具体的には、動物の巣をつくるような感覚です。外敵から身を守り、それでいて身体感覚にフィットする穴倉のような空間のイメージ。その心地良さを獲得するためには低さがカギとなります。

また、低く抑えることには別の効果もあります。室内を低く納めることで、結果的に住まいの外観も低く控えめなプロポーションとなります。街に対して威張ったような外壁を立てた家は、あまり感心できるものではありませんよね。

これは空間を小さく低くするということではありません。まずは「低く」を基本にして、そこから「啐啄」しながら、ところどころに吹き抜けを設けたり、屋根架構を工夫したりして高さ方向にメリハリを付けることで豊かな空間ができるのです。スケールに迷ったら、「啐啄」という言葉をどうか思い出してください。

## プランニングは一本の映画を撮るように

プランニングで最も陥りやすいミスは、いわゆる「定石」と呼ばれる家事動線のつなげ方や、個室の採光や収納などに気を取られるがあまり、**設計のストーリーを見失ってしまうこと**です。定石にとらわれいつも代わり映えのしないプランになってしまう、設計にひねりがなくていまひとつ面白くないと感じ始めたら、設計のストーリーを見直してみてください。

設計をストーリーで考えるというのは、自身が「**映画監督になったつもりで設計する**」とも言い換えることができます。

まずは、住宅であれば、遠くにわが家が見えてくるところからストーリーが始まり、玄関の扉を開けて飛び込んでくる風景、そこに起こる非日常感のサプライズと、最後に用意された安息の空間といった、生き生きとした生活のシーンを頭のなかで何テイクにもコマ割りして、脚本を書くように全体のプロットをつくっていきます。

次に視点を考えます。それぞれのカット割りにおいて、そのシーンが最も活きるカメラアングル（＝生活者の視点）がどこかを立体的に探っていきます。これは壁の高さや開口部の設計などにも大きく関わってきます。

生活者の視点を探るには、実際に自分がモデルとなってシミュレーションしてみるのが一番の方法です。自宅や事務所の傍らで、自ら座ったり立ったり、寝そべったりしながら生活の視点がどのように変化するかを検証します。

具体的に自分の体を使うことで、壁や窓の高さがわずか10センチ変わっただけでも大きく視界が変わることが実感できます。

ストーリーと視点について、もう少しわかりやすいように、具体的な事例で紹介してみましょう。

過去にＫＯＴＩという住宅を設計しました。東京都葛飾区の細い路地を進んだ先にある住宅です。

路地は先のほうでややクランクしていて、住宅はその先にあるのですぐ近くまで行かないと全景が見えません。帰宅する家族や住宅に訪れる人は、その長いアプローチを少し焦らされるように進むことになります。

クランクを曲がると、そこにはいきなり住宅の姿が現れます。はじめての方はそこで声を漏らすことでしょう。それが住宅の佇まいをどう考えるかというところにつながります。

玄関に入ると正面に20センチ角程度の小さな小窓があり、その向こう側にはリビングのソファがあります。玄関からは小窓の向こうに家族の気配を感じ、また小窓の向こうでテレビを見ていた子供は、帰宅の音を聞いてその小窓に駆け寄ることでしょう。

日々の家路につくという行為から、こんな風にストーリー仕立てにしてみると、どんな小窓が良いか（大きさ、高さなど）がイメージされてくると思います。

KOTIの敷地へのアプローチは、こんな魅力的な路地の入口から始まる。この先にどんな建物があるのだろうか？　そんな期待感も設計の演出の一部となる。

「KOTI」(2018年)

Chapter1で上手い設計とは「空間に動画の再生ボタンが付いているような設計」と書きました。上記のようなプロセスを経た空間は、たとえそこに人が居なくとも、そこで人がどうふるまい、どのようにくつろぐかが目に見えます。どうか映画監督になったつもりで、あなたの設計を一本の映画にしてみてください。理想のプランニングが自然とできるはずです。

# 上手いプランのカギを握る2つの部屋

次にプランのキーとなる2つの部屋について説明します。

実のところ私は「必ずこの部屋から配置する」というセオリーを持ってはいません。それでもプラン全体を考えたときに、ほかの部屋との関係性において重視している部屋があります。それが**キッチンとダイニング**です。

衣食住のうちでも「食」を司るキッチンとダイニングは、ある意味、住宅が住宅であるための最も欠かせない空間です。

逆に「キッチン」と「ダイニング」さえ押さえてしまえば、住宅のプランニングの半分はもはや成功したようなものです。
ここではまずキッチンの位置について考えてみましょう。

## キッチンは司令塔

キッチンでの作業は、「家族と話しながら」「テレビを見ながら」といった「ながら作業」になることが多くなります。家族の顔が見える対面キッチンや、視界を遮らないアイランドキッチンが喜ばれるのも、そうした特徴によるものだと思います。

またキッチンは、冷蔵庫やパントリーからシンクへ、シンクからコンロへの往復移動が多く発生します。当然、それらとの動線は最短区間で結ばれる必要があります。

さらに、重いスーパーの袋を下げて買い物から帰ってきた先の収納動線にも、配慮が必要になります。

このように、キッチンの配置を巡っては無数に考えるべきことがあるのです。家族の一日の動きを赤い線で表現したら、キッチンは、きっと真っ赤に塗りつぶされることでしょう。

あらゆる家族動線の核と言える部屋＝キッチンは、サッカーにたとえればトップ下でフィールド全体を眺めるミッドフィールダー、いわゆる「司令塔」の立ち位置になります。司令塔にはあらゆるポジションから球が集まります。そこから次の攻めの起点となるキラーパスが供給されるのです。

そんな司令塔的立ち位置のキッチンが、物陰に隠れて全体が見えないような位置にあったとしたら、そのプランは機能するはずがありません。逆にキッチンと各所を結ぶパスラインを、交錯することなく美しく描けたら、それはさぞかし美しいプランになることでしょう。

すべてに当てはまるわけではありませんが、私はいつもキッチンを、**リビング、ダイニングと結んで三角形になるような陣形に配置**するか、あるいは**リビング、ダイニングとを串刺しにする直線ラインの延長線上に配置**するように意識しています。

もしそのような場所がなく、キッチンの位置を決めかねているようでしたら、まず玄関の位置を決め、ドアを開けてそこから家族に「ただいま」を言うシーンを思い浮かべてみてください。そのときキッチンに立つ人が目を合わせて「おかえり！」と返してくれたならば、そのキッチンの位置はきっと上手く機能するにちがいありません。

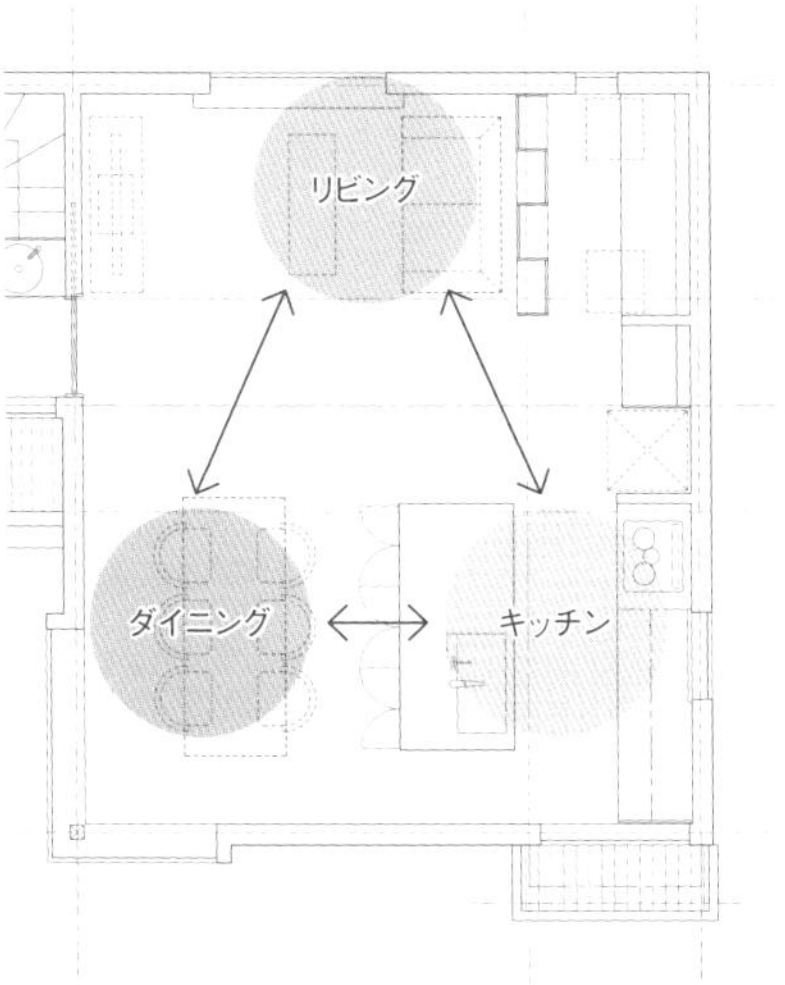


「紫陽花の家」(2015)のプラン。キッチンとリビング、ダイニングとを三角形になるように配置した。

このように配置することで、それぞれの位置にいる家族同志がコミュニケーションが取れるほか、キッチンからリビングのテレビが見えるとキッチンにいる人が孤立しなくて済むというメリットもある。

## ダイニングは住宅のおへそ

次にダイニングです。**住まいのなかで最も明るく眺めの良い場所が見つかったら、私は迷わずそこにダイニング**を据えます。一般論として、リビングでくつろぐ時間は夜が多く、朝の光で家族が顔を合わせる場所こそがダイニングだからです。一日の始まりは、明るく開放的な空間であって欲しいと私は思っています。

ダイニングは、家族のコミュニケーションスペース、いわば、**住宅の「おへそ」のような場所**です。最近では食事を取るだけでなく、テレワークをしたり、子どもが宿題や工作をしたりなど、就寝時以外の時間のほとんどをダイニングで過ごすという暮らし方も増えてきました。

そのような多様な家族のふるまいを受け入れるダイニングには、物も集まりやすくなります。少し気を抜くとテーブルの上はあっという間に雑誌や新聞、子供の宿題や筆記具などで埋め尽くされ、物に囲まれて食事を取る、なんてことにもなりかねません。ダイニングにはさりげない収納スペースをテーブルに寄り沿うように設えてあげることも、設計上の配慮の一つです。

家族を象徴するスペースとしてのダイニングには、机上と家族の顔を温かく照らすペンダント照明が合います。テーブル上の食事をおいしく見せてくれるのはもちろん、北欧の名作照明のような評価の定まった揺るぎないデザインであれば、その場所に格式を与え、日常をちょっとした非日常へと誘ってくれる効果も期待できます。

「玉川上水の家」(2019年)の北欧のペンダント照明が下がるダイニング。テーブルの下部やベンチには収納が設えられている。

# ラフの段階で窓の位置も固める

キッチンとダイニングの2つの部屋と同様に、ラフの段階で検討しておきたいのが、窓の位置です。窓の位置は建物外観を左右する要素なので、設計者の美的感覚が問われると思われがちです。ただ私は、窓の決め方はもっと論理的で科学的なものだと思っています。

窓には大きく分けると以下の3つの役割があります。

1 「採光」を得る

2 「通風」を採る

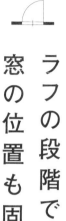

## 3 「景色」を眺める

設計者は、その窓が右記のどの目的のものかをはっきりさせる必要があります。

もしそれが「採光」のみを目的とした窓ならば、開閉の必要はなくFIX窓で良いはずです。ガラスも曇りガラスで良いでしょう。FIX窓にすればサッシュのコストは抑えられますし、曇りガラスにすれば小窓なら夜にカーテンを引く必要もなくなります。

「通風」目的の窓ならば、位置を工夫すれば小さくても十分な通風性能を発揮してくれます。ベッド脇や浴室に小窓を設ければ、プライバシーを守りながら夏の夜に涼しい風を取り込むことが可能です。

「景色」を眺める窓ならば、大胆と思われるような大きなサイズにしたいところです。それはきっと外観デザイン上のカギを握る窓にもなるはずです。

このように細かくその使途を分解して考えていけば、中途半端なサイズの窓を必要以上に設ける必要がないことがわかります。これをベースに、もう少し具体的に窓の配置ルールや設け方のコツに迫ってみましょう。

## 採光のための窓の配置ルール

採光計画で一番大切なのが「メリハリ」です。**明るいところはより明るく、必要のないところはそこそこ暗く**が基本です。端的に言えば、メイン空間の中心に大きな光の塊をつくるイメージで、それ以外は開きすぎず、小窓で通風を確保するくらいのイメージでちょうど良いと私は思っています。

一般的には、明るい空間はつくりやすいと思います。窓を多めにすればいいのですから。また、建て主も明るい空間を好む傾向があります。ただこの感覚に慣れてしまうと、逆に暗い空間がつくれなくなります。「暗い＝クレームになる」という図式が頭にちらついてしまうからです。これは照明計画にも言えます。

暗さには「良い暗さ」と「悪い暗さ」があります。良い暗さは室内に落ち着きと心の安静をもたらしてくれますが、悪い暗さはストレスをもたらします。たとえば手元は暗くても、視線の先に光を感じられるような空間は閉塞感がなく、心理的にもリラックスできる良い暗さになります。逆に、外は晴れているのに、外の天気もわからず、常に照明を点けないといけないような暗い部屋は、ストレスになる悪い暗さと言えるでしょう。ツウ好みの陰影礼賛的な空間も、一部の方には熱狂的に支持されますが、一般の方にはあまり受け入れられないことも多いようです。明暗のバランス感覚は、一朝一夕で身につくものではありません。カフェでもホテルでも良いので、良い空間に貪欲に足を運び、光の採り入れ方を吸収し学んでみてください。

もう一つ、私が実践する採光用窓の配置ルールに、「視線の突き当たりには窓を設ける」があります。進行方向が暗いと暗がりに向かって進むことになり、心理的にも空間的にも陰気な印象を与えます。進む先に常に光が見えていると、仮に小さな窓であっても嫌な暗がりを感じないのです。そうした配慮の積み重ねとメリハリが建物全体の印象を決定づけます。

「小田原の家」(2021年)の書斎に設けた小窓。突き当りの小窓の閉塞感を和らげ、デスクの先に設けた小窓は視線を外へと導いている。

## 通風のための窓の配置ルール

通風のための窓を考えるということは、家の中の風の通り道を設計することにほかなりません。南北や東西などの軸線上に窓を配置するほか、温度差換気なども意識して天井面近くに設けたり、床面に低い窓を設けたりすることもあります。

また通風窓を大きく採れば当然、通風量も多くなりますが、強風時もありますし、風とともに土埃なども入ってきます。通風窓は大きければいいと言うものでもありません。**30〜40センチ角程度の小窓を設けるだけでも家の中の空気は流れ、通風の目的は果たせます。**

またちょっとしたことですが、浴室の背もたれ側に20〜30センチ角程度の小窓を設けると、浴槽に浸かりながら夜風を頬に感じ、とても快適な入浴を演出してくれます。このよ

「紫陽花の家」(2015年)の浴室の通風小窓。背もたれ側に設けると、風を顔に受けて心地良い入浴時間となる。

うに、通風用の窓をどこに設けるかは、設計者の気配りが最も現れる場所なのです。

なお、通風の窓を計画するときにあわせて検討しなければいけないのが「防犯」です。当然ですが、窓を開ければそこから不審者が入ってくるリスクは高まります。最も防犯効果をコントロールしづらいのが引き違い窓です。外部から侵入しやすい場所に引き違い窓を設けたら、夏寝苦しい夜などにも窓は開けられません。

私たちの事務所では、通風だけを考える場所には気密性も高い滑り出し窓を設けることがほとんどです。寝室の枕元付近に小さな滑り出し窓を設けると、防犯性を確保したうえで夜も安心して窓が開けられます。

## 景色のための窓の配置ルール

大きな窓で借景できる敷地環境があるならば、その空間は素晴らしいものになることは間違いありません。しかし、市街地などでいたずらに開放的な窓を設ければ、向かいのバルコニーで洗濯物を干す人と目が合ってしまったり、隣家の室外機を眺めて暮らすことにもなったりもしかねません。そこで重要なのは**設計者による風景の「編集」**です。

見たくない景色を眺める必要はありません。雑然とした風景は隠し、空や庭の木々だけが見えるように窓の配置を考えることで、都市の真ん中に居ても自然を感じながら暮らすことは可能になります。

下の写真は、コーナー出窓で風景をトリミングしたキッチンの事例です。密集した市街地を流れる川近くに建つ家で、川の手前にはちょっとした緑地帯があり、これを借景として使わせてもらいました。キッチンでの作業中にふと目線を上げると緑が見えるというのは嬉しいものですし、しかもそれは自分の敷地ではないというところもミソだったりします。

ちなみに、狭小地で私たちの事務所でよく採用するのは、ハイサイド窓や地窓です。なるべく隣家の視線を切り取り、良い風景だけを家の中に取り込みたいところですね。

「香川の家」(2020年)のキッチン面したコーナー出窓。家事の多くの時間を費やすキッチンには開放的な眺めが欲しい。

## 外観を壊さない窓の配置ルール

窓は人間で言えば「目」のようなものです。人のルックスが目に左右されるように、建物の道路に面したファサード＝顔をつくる際にも、窓をどこに設けるかがとても大切です。外観の窓配置を決めるルールは、**基本は「まとめる」と「そろえる」**です。

まとめるとは、外観に漫然と複数の窓を配置するのではなく、最も主張すべき窓を集約して大きく配置することです。一方そろえるとは、室内側の要請からバラバラになっている窓の高さを、ある程度一定のラインに納めることを言います。

景色のための窓では風景を編集しましたが、外観を壊さない窓の配置の検討では、**窓配置を「編集」**するのです。機能的にやむを得ないものや、配置的にそろえることもできない窓はなるべく隣家側など目の付かないところに集めるといったことが、その手法の定石となります。

もちろん、ランダム配置した窓でも外観をまとめることは可能ですが、上級者編の窓配置です。センスも必要で、自信のない人は手を出さないほうが無難かもしれません……。

「窓の家」（2013年）。交通量の多い通りに面した住宅のファサードに、大小さまざまな窓をコラージュのように設けた。窓は通りに対して住宅が放つメッセージにもなる。

この編集作業によっては、採光、通風、風景のための窓に対して、「なくしたい」「もう少し小さくしたい」ということもあるでしょう。その場合は先の3つの原則に立ち返って、別の位置に窓を移動したり、機能上なくても問題なければなくしたりするなど、粘り強く調整を続けます。

また外観がまとまらないと思ったら、プランにエラーがある（もしくはより良い案がある）可能性も考えたほうがいいかもしれません。

窓について語りたいことはまだまだありますが、それだけで1冊の本になってしまうので、いったんここまでにします。とにかく窓の世界は奥が深いのです！

# 外観デザインを固めるのはいつ？

外観のデザインを、プランを描き終えたあとに、高さだけを与えて建て起こす人が多くいます。これをやると、平面図をただ立体にしただけの状態となり、窓の位置がコントロールできなくなりますし、屋根の架け方も行き当たりばったりになってしまいます。

かと言って、最初から建物の形を決めてしまうというのも少し違います。これはわが子を枠にはめて育てるのと同じことで、本来有機的にのびのびと育つべき大らかなプランが損なわれてしまうおそれもあるからです。

まずは丹念に敷地の特性と、建て主固有の生活に向き合うことが第一です。それを整理していく過程で見えてきたダイヤの原石のような唯一無二の「個性」をすくい取り、自らの感性でそれを造形化する作業。これが外観のデザインなのです。

建築とは「こうありたい、こうなりたいと願ってつくるもの」だと書きました。ここで見えてきた形は、その建物が「建築になりたがっている姿」だとも言えます。

これを建築として昇華させるためには、全力で開口部やプロポーションの調整を行わなくてはなりません。これもまた、〝建物〟と〝建築〟を隔てる、薄いように見えてとてもぶ厚い壁なのです。

その壁をブレイクできるのは、ひとえに設計者の「意志の力」だとも言えるでしょう。

「窓の家」のスタディ模型の数々。窓の配置や壁の角度など、トライ&エラーを重ねながら唯一無二の外観を探っていく。

# プランニングの3ステップ

ここまで、プランニングを始めるまでに押さえておきたい知識やノウハウの数々を整理してきました。ここからは私の実作をもとに、プランニングの進め方を具体的かつ実践的に解説していきます。

私はプランニングを大きく3つのステップに分けています。

1　敷地を読む

2　エスキース

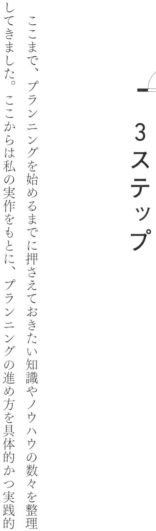

## 3　プレゼンテーション

これらは、本書を手に取られている設計者なら誰でも実践されているプロセスかもしれません。それぞれについてはこのあとで詳しく掘り下げたいと思いますが、共通することはとにかく「手を動かすことが何よりも大切！」ということ。

日々反復して鍛えることで人間の直感力は冴えわたり、ときにＡＩよりも優秀な結果を導いてくれます。

理論や理屈はほどほどに。さあ、いますぐ実践です！

## 上尾の家

構造規模：木造在来工法｜地上2階建て
敷地面積：170.99㎡（51.72坪）
建築面積：74.72㎡（22.60坪）
延床面積：117.04㎡（35.40坪）
設計監理：リオタデザイン｜関本竜太・今村文悟
施工：松本建設｜松本将芳
造園：小林賢二アトリエ｜小林賢二

ダイニング

中庭

ピットリビング

# 計画の第一歩は敷地を読むこと

プランニングは、敷地調査から始まります。ポイントは、**敷地を「見る」ではなく「読む」**ということ。一般的に、敷地を最初に見に行って調査する箇所は、以下のような項目かと思います。

○道路幅員
○境界杭の有無
○境界塀の位置や高さ

○上水道やガス引込みの有無、最終枡位置
○隣家の高さや窓位置　など

もしこれらの項目を「見る」だけならば、何も設計者本人が現地に行く必要はありません。アルバイトや代理の人に行ってもらえば済みます。

ところが敷地は見るのではなく「読む」となると、話が違ってきます。より敷地にフィットしたプランニングをするためには、次の3つのチェック項目を意識しながら、第六感を使って「読む」必要があります。

○ひらける方向はどこか？
○とじる方向はどこか？
○味方はいるか？

それでは具体的な敷地をもとに、これらを検証していきましょう。

## 敷地の要素を整理する

目の前に絶景が広がる敷地ならば、プランニングでやるべきことは簡単。その景色に対してひたすら「ひらいて」いけばいいのです。

ただし、そんな敷地に巡り会う機会は、都市部ではめったにありません。郊外の余裕のある敷地では、先に示したプランニングを左右する重要なチェック項目に従って、敷地の要素を整理することが調査のスタートです。

左は埼玉県の郊外の敷地の写真です。敷地の道路側が南。敷地に面して隣家が接して建ち並ぶため、この敷地では道路側に「ひらき」、残りの三方には「とじる」という考えをベースに配置を考える必要がありそうです。

また、写真の右側に目を向けると、この敷地の隣家側には木が植わっています。どうもこの木は、孤立無援の敷地において、数少ない「味方」になってくれそうです。

こうした他人の土地にある「味方」は自分たちのコントロールが及ばないのが難点ではあります。自分の敷地ではないので、いつ切られても文句は言えません。ただし、傾斜地や川に面した土地などであれば、その眺望は何十年経っても変わらないものとして設定することもできます。

私は、困ったときの最後の砦は「空」だと思っています。空を覆うことは誰にもできませんからね。味方のない敷地の場合は、せめてトップライトを設けるだけでもちょっとしたドラマをつくることができます。

一見して凡庸なこの敷地から何を読み込むか。

[とじる]：隣家が迫っているので、開口部位置に配慮する必要あり
[とじる]：バルコニーあり。視線の配慮と同様に隣家の日照を遮らないように配慮する
：隣家の緑はなるべく取り込みたい。しかし開き方は控えめに

敷地を読むことはこれで終わりではありません。

ひらくと決めた南側には、道路を挟んだ向かいに大きな駐車場がありました。目の前に建物があるよりは眺望が抜けている点で長所とも考えられますが、一方で駐車場には不特定多数の人が出入りします。目の前に目を引く住宅があれば、悪気がなくても、ジロジロ眺められることになりかねません。南だからといって単純にひらくわけにはいかなそうです。

不用意にひらきすぎれば、日中、ずっとカーテンを締める家になりかねない。かといって日射方向の南側を完全にとじるのにも抵抗があります。また道路側をとじる

[ひらく]+[とじる]か?：道路の向かいに広い駐車場あり。
開放的だが、不特定多数の人から見られるリスクもある
駐車場

と、街に対しても心を閉ざしている印象を与えて、感じが悪くなります。

敷地を読むプロセスでは、こうした一連の問題意識を持つことが重要になってきます。

余談ですが、街を歩いていると通りに向かって大きな窓を設けていながら、一日中カーテンを締めっぱなしの家がいかに多いかに気づかされ愕然とします。採光とプライバシーの関係が全く考慮されていないために起こる現象です。これは明らかに設計の失敗ではないでしょうか。私たちは街にひらきながらも、いかに閉ざさない窓をつくるかも同時に考えなくてはならないのだと思います。

## 街の中からもストーリーのタネを集める

実のところ、ここまではさほど難しい話ではありません。設計者なら誰でもこの敷地を眺めれば、同じような整理をするのではないでしょうか。

一方で私は、これらの要素以外にも、別のことを敷地から感じていました。それは、こんなことです。

「のどかな郊外の住宅地。こういう街には奇をてらわず、さりげないけど品があるような家がいい。ただ、街ゆく人たちに『世の中にはこんなすてきな家もあるんだ』と思ってもらえるような家になるといいなぁ」

言葉にすると、なんでもない素朴な所感かもしれません。ただ私は、次のステップ（エスキース）で鉛筆を握ったときに、筆を走らせる原動力となるのはこういう想いだと思っています。

その敷地だけでなく、周辺環境もよく観察することが大事。

敷地を見てきても「小さかった」「陽当たりが良さそうだった」など、即物的な感想しか持たなかったら、その建物はプランニングで苦労する可能性が高いと思います。

先にも言いましたが、プランニングはストーリーです。ストーリーの前提となる問題意識を、街の中からも拾い上げることが大切です。

# 敷地の要素とヒアリング内容をもとにエスキースを重ねる

## ヒアリングは、3つのキーワードで整理する

敷地に足を運んだあとは、いよいよ建て主の要望をヒアリングする打ち合わせです。このヒアリングは、プランの方向性を決める最も重要なプロセスになります。ヒアリング前に敷地に足を運ぶのは敷地の問題意識を共有し、ここでの話をスムーズに進める意味もあるのです。

ヒアリングの方法はさまざまですが、私は先に書いたように原則として口頭ベースで話を聞いています。ただし建て主の要望は多種多様です。それらを漫然と聞いていても、具体的なプランの方向は定まりません。私はいつも建て主の要望を、次の3つのキーワードで仕分けるようにしています。

○スペースを大きく取るキーワード
○たびたび登場するキーワード
○フックとなるキーワード

解説している「上尾の家」の計画では、建て主が自分たちの要望を丁寧にまとめたシートを用意してくれました（次ページ参照）。ここではそれをベースに話を進めることにします。

## こんな家にしたい

「柔らかく包み込み、ゆったりくつろげる家」→ストレスなくリラックスできる
「開放感がある家」→カーテンなしでも生活できる、プライバシーを守りつつ外を眺めたり窓を開けたい

**優先度【高】**
広いリビング（最低8畳）
ピットリンビング（段差に腰掛けできて外が眺められる、テレビ台、収納として活用）
主に床の生活でソファなし（目線低い）
太陽光を取り入れ、風通しが良い
ところどころに遊び心（ほっこりする間接照明など）
駐輪場の屋根
仕切りは少なく、生活の変化（子供の成長）によって柔軟に変えられる
子供部屋は狭くてよい
中庭（四方を囲まれた中庭が理想？ 憧れ？）（夫）
床暖房
屋根裏部屋
パントリー
気密性、断熱性の高い家
掘りごたつがあり、静かな書斎（狭くてもよい）
シアタールーム（寝室や屋根裏に設ける？）
トイレは独立
リビング2階は避ける（荷物を持って階段のぼるのはイヤ）
シューズクローク（ビン、缶、古紙や濡れたカッパを干す）
段差が少ない（ルンバ対応）

**優先度【中】**
ところどころにくつろげるスペース（座って本を読めるような）がある
足元照明
キッチンに開放感
布団や洗濯物（少量）を干すスペース
写真や記念の品を飾るスペース（旅行で買った置物など）
見せる本棚（子供が親しみやすいように）
子供部屋は後々分けられる設計
玄関に納戸
洋服はハンガーにかけて収納
車2台（野ざらし）希望
バイク置き場

# 要望を深掘りする

さてこうした要望を提示されたとき、あなたならこれをどう読み取るでしょうか？　書かれていることはどれも平易で、普段の素朴な生活実感に基づくものばかりです。ただし平易であるがゆえに、どれが最も重要なのか、あるいは計画を大きく左右するキーワードになるのかは、一見して見分けがつきません。

そこで、カギとなるのが先の3つのキーワードです。一つずつ見ていきましょう。

まずは**「スペースを大きく取るキーワード」**。敷地内で最も場所を必要とするところはどこか？　そこを最優先で解決します。このなかでは、なんといっても「駐車場」と「駐輪場」です。車は住宅の計画において単位として最大で、大きな制約となるからです。また駐輪場も、野ざらしでよければ敷地の隅に自転車を置けますが、「屋根付き」となると大きな制約になります。取って付けたようなカーポートのようなものは、できれば採用したくありませんので。

次は**「たびたび登場するキーワード」**。建て主が繰り返し発言する言葉は、こだわりの部分です。要望にある「カーテンのない生活」そして「中庭」というワードは、一見すると別々の要望にも見えますが、私は、建て主がこの二つについて「プライバシーにかかわるもの」ととらえている可能性が高いと考えました。

「床の生活」「掘りごたつ」というワードも同様で、建て主の「床座の生活」への強いこだわりが見え隠れしています。これらをプランの骨子に据えるのが良さそうです。

これだけでも十分にプランはできますが、何か物足りなさが残ります。せっかくならば建て主にはもっとトキめいてもらいたい！　そんなときには、ひと振りで味の変わるマジックスパイスが必要です。これが最後の「**フックとなるキーワード**」です。

このキーワードは、敷地読みと同様、注意深くセンサーを働かせないとなかなか見つけることができません。

この計画では、私は「ピットリビング」というワードをフックとして拾いました。ピットリビングは、私たちの事務所でよくやるプランのスタイルで、リビング部分を床よりも一段掘り下げて落ち着きのある空間をつくるというものです。一般的な手法ではありませんが、建て主がそこまで空間を具体的にイメージしているのであれば、そちらの方向に振り切るのも悪くないように思いました。

## こんな家にしたい

「柔らかく包み込み、ゆったりくつろげる家」→ストレスなくリラックスできる
「開放感がある家」→カーテンなしでも生活できる、プライバシーを守りつつ外を眺めたり窓を開けたい

**優先度【高】**

広いリビング（最低8畳）
ピットリンビング（段差に腰掛けできて外が眺められる、テレビ台、収納として活用）
主に床の生活でソファなし（目線低い）
太陽光を取り入れ、風通しが良い
ところどころに遊び心（ほっこりする間接照明など）
駐輪場の屋根
仕切りは少なく、生活の変化（子供の成長）によって柔軟に変えられる
子供部屋は狭くてよい
中庭（四方を囲まれた中庭が理想？ 憧れ?）（夫）
床暖房
屋根裏部屋
パントリー
気密性、断熱性の高い家
掘りごたつがあり、静かな書斎（狭くてもよい）
シアタールーム（寝室や屋根裏に設ける?）
トイレは独立
リビング2階は避ける（荷物を持って階段のぼるのはイヤ）
シューズクローク（ビン、缶、古紙や濡れたカッパを干す）
段差が少ない（ルンバ対応）

**優先度【中】**

ところどころにくつろげるスペース（座って本を読めるような）がある
足元照明
キッチンに開放感
布団や洗濯物（少量）を干すスペース
写真や記念の品を飾るスペース（旅行で買った置物など）
見せる本棚（子供が親しみやすいように）
子供部屋は後々分けられる設計
玄関に納戸
洋服はハンガーにかけて収納
車2台（野ざらし）希望
バイク置き場

リンク
リンク
フックとなるキーワード
たびたび登場するキーワード
スペースを大きく取るキーワード

## とにかく自由に描く、描く、描く！

建て主の要望をひと通りヒアリングしたら、次はエスキースです。エスキースは、案を考えるために紙上に筆を走らせるプロセスのことで、単にスケッチと呼ぶこともあります。まずは、敷地読みと建て主の要望ヒアリングをもとに、手早く一案描いてみましょう。最初は本当にラフな感じで十分です。30分くらいでササッと描きます。

**エスキースの極意は、「とにかく手を動かすこと」**。旅先の度胸英語でもなんとなく意味が相手に伝わるのと同じように、雑な線でいいので、感じたまま紙の上に線を走らせてみてください。これを繰り返すと、次第に脳と手先の回路がつながっていき、頭で考えたとおりの線が描けるようになります。ときには、頭で考えた以上のものが手先から生まれることも！

このプロセスは、トップアスリートが全身の筋肉を自分のイメージどおりに動かして結果を残すのによく似ています。こればかりは一朝一夕に身につくものではありません。まずはエスキース帳1冊使い切るまで向き合ってみてください。

## まずは、わかるところから描く

エスキースの手順は、**原則「わかるところから描く」**です。このときに最初に押さえたいのは、シンプルに以下の2つのポイントです。

○最優先で解決すべき課題（今回の設計では2台ぶんの駐車場と、屋根付き駐輪場）
○プランの骨子（今回の設計では中庭）

駐車場は「スペースを大きく取るキーワード」です。制約になるものは真っ先にテーブルの上に出しておきたいところ。ただし、この時点では屋根付き駐輪場の課題はまだ解決できていません。

中庭は、「たびたび登場するキーワード」として整理したものです。中庭をプランの骨子に据えたのは、要望にあったからだけでなく、自律的に周辺環境をコントロールできる「中庭」が、合理的だと感じられたからです。

敷地の三方向に「とじる」、また東側隣家の開放性という「味方」については、玄関のアプローチ方向をそちらに設けることで回収しています。

プランのカギとなるキッチンとダイニングについては、まずはリビング、ダイニング、キッチンを串刺しにするように一直線に並べ、セオリーを押さえています。

また、定番かつ大きさがある程度定まっている階段室や浴室も、このタイミングで適当な位置に配し、計画している建物のボリューム感をつかんでいきます。まずは必要な諸室をすべて登場させて、忘れ物を防いでいるといった段階です。

ちなみに細かいポイントですが、私はエスキース帳の左上に必ず日付を残すようにしています。こうしておくことで、あとで見返したときに、プランニングのプロセスがよく分かるからです。

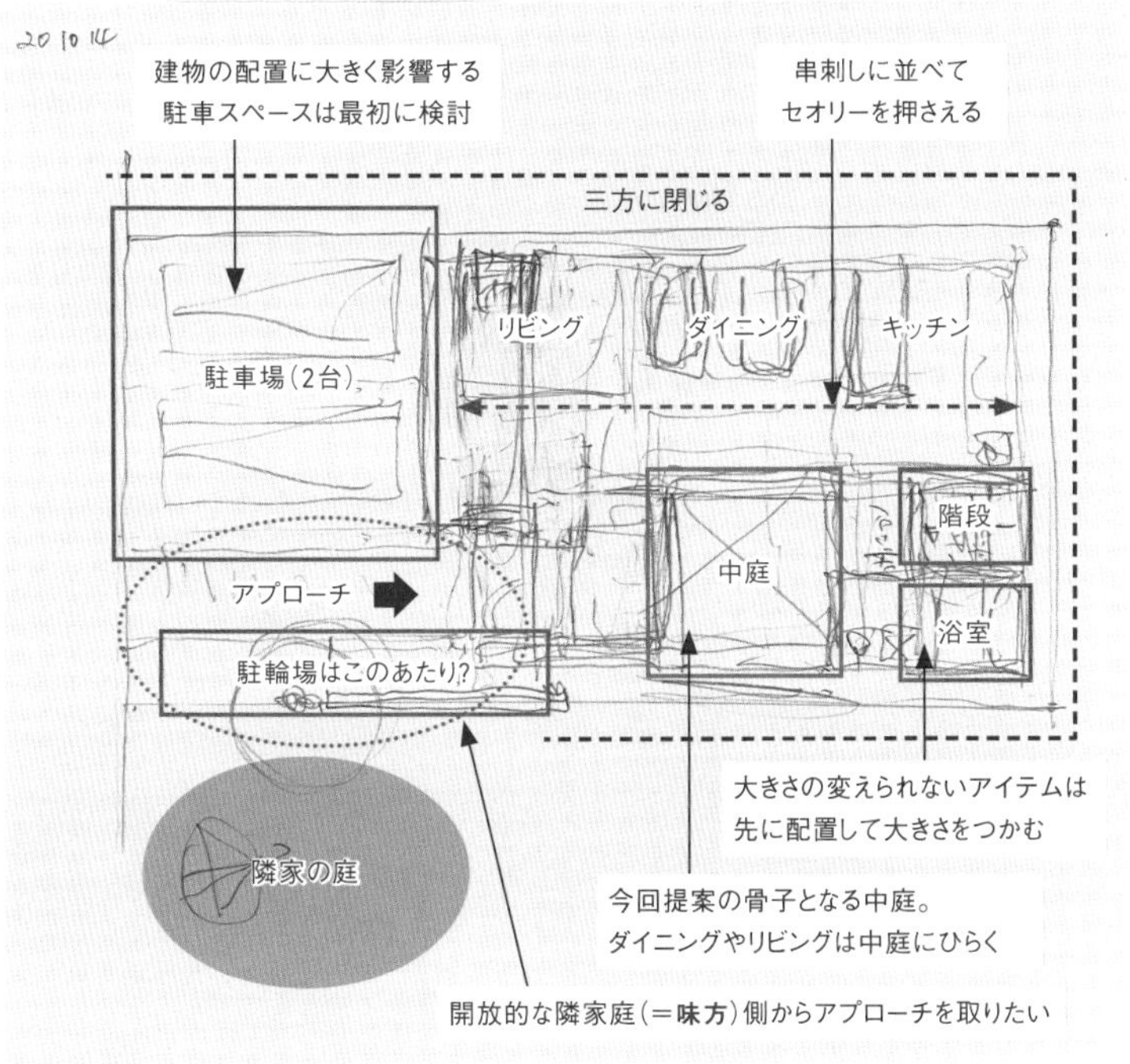


中庭案は、周辺との秩序を考慮しにくい郊外敷地では有効な解決の一つ。この段階で考えているのはこのくらい。あとは線を走らせながら考える。そのほか、大きさの決まっているアイテムは仮に配置してサイズ感を確認する。

私が使っているエスキース帳
(CROQUIS SS2/マルマン)。
1冊ワンコイン程度で購入可能。

## 中盤のエスキースで、課題の整理と床面積の計算をする

エスキースを続け、少しずつ輪郭の原型が見え始めてきました。エスキース完成までの道のりでたとえれば、中盤に差し掛かったというタイミングでしょうか。

この段階でも、中庭の構成は守りつつも、キッチンやリビングの位置は二転三転しています。また、相変わらず駐輪場をどう確保するかで迷走中です。

2階に目を向けると、中庭の南側に高いボリュームがあることで、中庭の日射に困難が生じることに気づいて頭を抱えています。

エスキース中盤では、こうした課題を一度整理しておくことで、上手くいっているところと問題のあるところとが仕分けられ、無用なちゃぶ台返し（すべてリセットする）を防ぐことができます。

一方、用紙の隅に現時点の面積計算をしています。これもエスキースの中盤でやっておくとよい作業です。想定以上に面積の大きいプランとなっている場合は、諸室のつながりや廊下などに不合理な点が多く、ロスも大きい不経済なプランになっていることも多いか

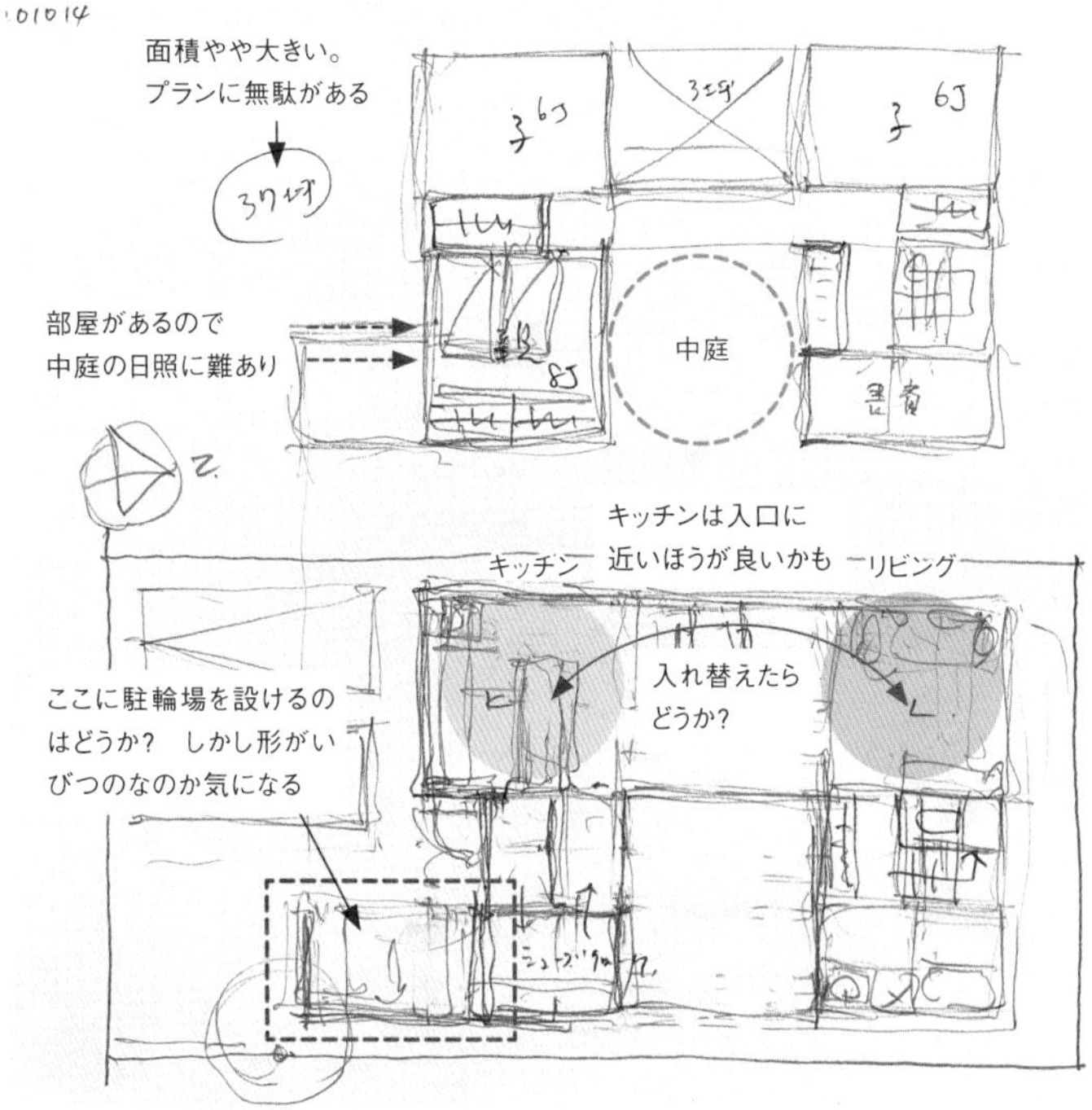


エスキースをさらに続ける。一つずつ丁寧に解決をしていく。しかしまだ全体は見えない。

らです。このことは、感覚だけでプランニングをしているとなかなか気づきません。

またこのタイミングでの床面積計算は、問題を客観的に数値化するという意味でも有効ですし、また予算を大きくオーバーしていないかのチェックにも役立ちます。

## 屋根の架け方とあわせて、立面のイメージも描く

その後もエスキースを繰り返し、プランがだいぶスッキリしてきました（左ページ上）。出っ張っていた駐輪場は玄関部分に連なる平屋の屋根を架けることで、駐輪場と建物とを一体化させる解決に落とし込むことができました。また、平屋の屋根を架けることで、中庭にも光が落ち、採光上の課題も改善しています。

この解決策により、今回の個性的な空間構成が同時に見えてきました。西側の高い2階建てのボリュームの脇に、寄り沿うように低いボリュームを組み合わせるというメリハリの利いた外観です。屋根の架け方とあわせて、立面のイメージスケッチなども描いています（左ページ下）。ようやく方向性が固まった瞬間です。

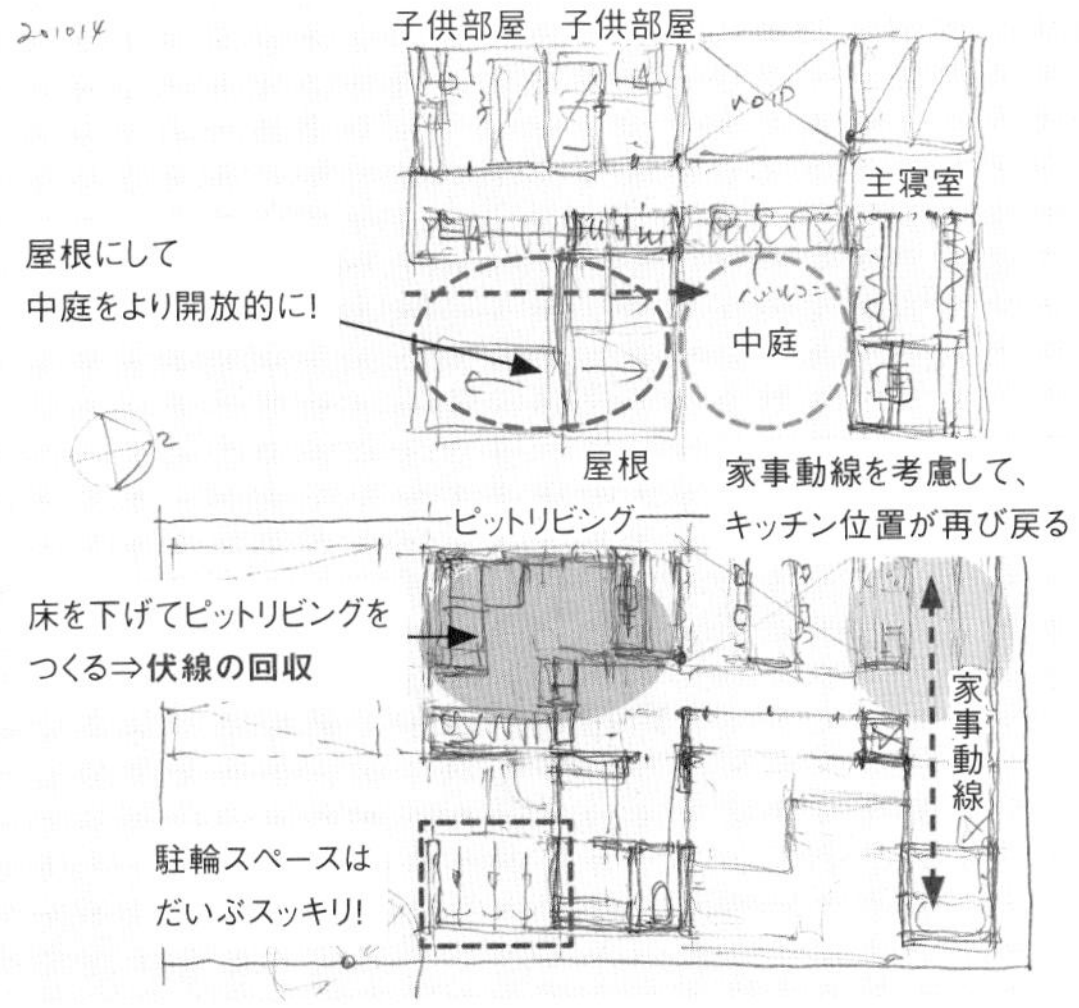


エスキースをさらに続け、骨格が少しずつ整理されてきた印象。

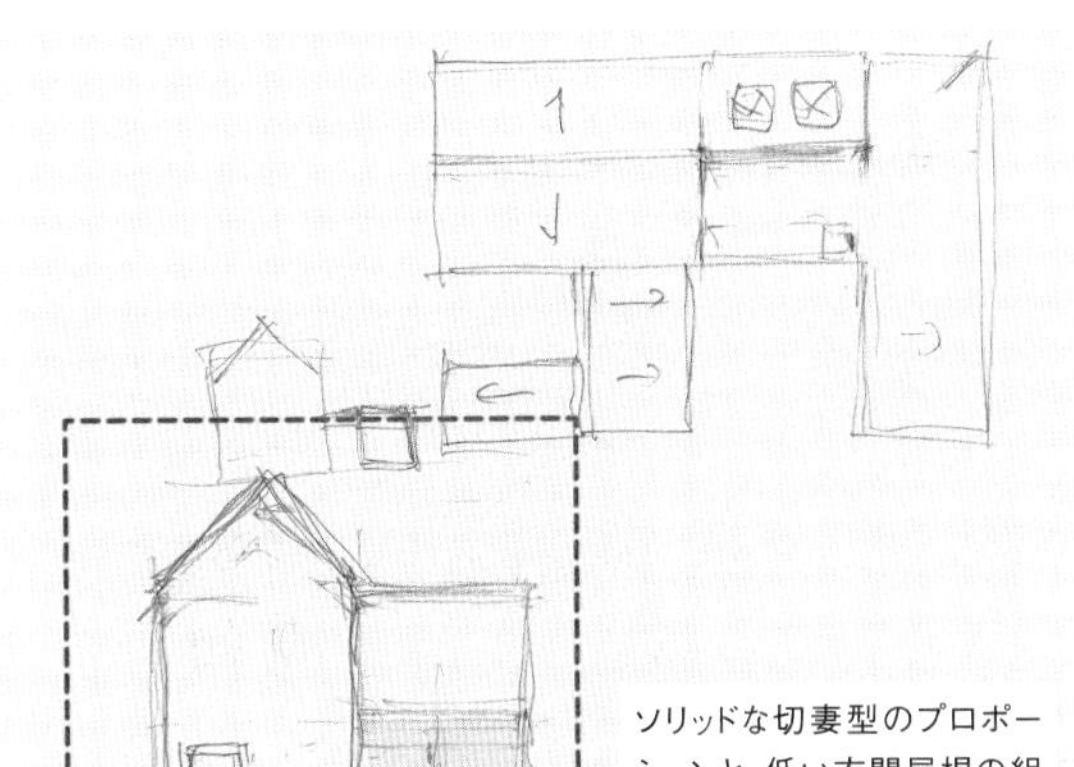


屋根の架け方のスタディ。整理された骨格をもとに、住宅のファサード(表情)のイメージを固めていく。

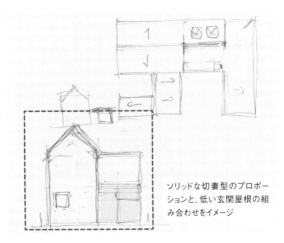

## 家族のつながりをチェック

曖昧だった線を整理し、プランの精度がだいぶ上がってきました。間取りで大きく破綻している箇所はないようです。「できた！」、とここで筆をおく人も多いことでしょう。でも待ってください！　まだ課題は残っています。

もう少し注意深く見てみましょう。リビングとダイニングの間にテレビ台が描かれています。このプランならば、確かにリビングからはテレビがよく見えるでしょうが、キッチンやダイニングからはテレビが屏風のようになって、ソファに座る家族の顔が見えません。それ以上に、テレビの背面が常に見えている状態になってしまい品がない。こういう設計をしてはいけません。

このテレビの話は、Chapter1 に書いた「日常の違和感にいかに気づくか」と密接にリンクすることです。**自らのプランにおける違和感にフタをせず、どこまでそこに気づき解決できるかが設計では勝負を分けるポイント**です。これは計画学の話ではありません。相手の立場に立って、ありありと生活をイメージすることが何よりも大事だという話です。

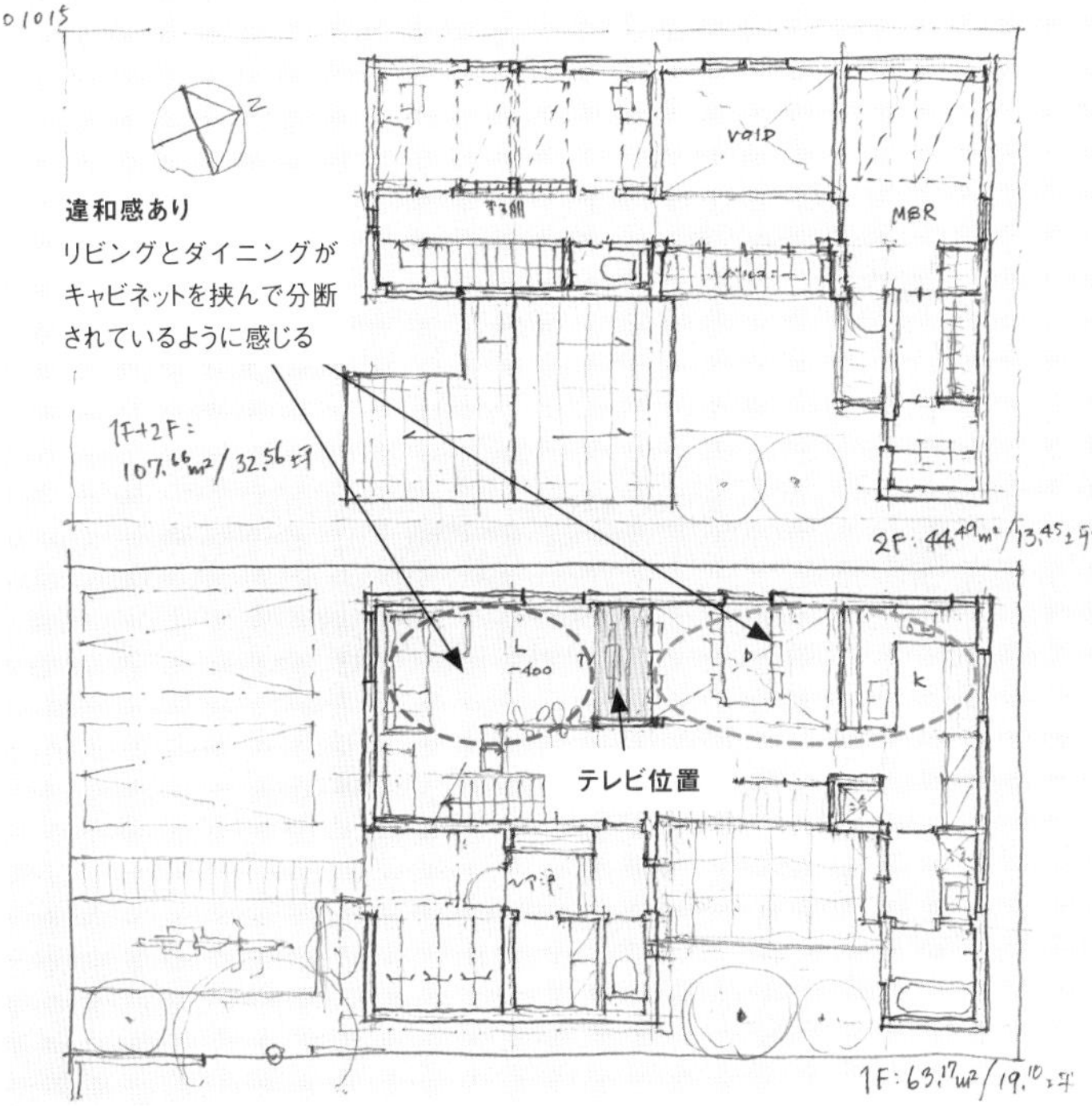


ほぼ完成しているプランの中に、違和感を感じる部分がないか掘り下げていく。ラフから少しずつ精度を上げて輪郭を整えていくことで、これまで見えなかったことが見えることも。

## 街へのひらき方／とじ方を決める

その後も手を動かし続け、ようやく自分でも納得のいく着地点が見えてきました。ダイニングとピットリビングを分断していたテレビは、ピットリビングとともにプランの奥側に移動させ、代わってキッチンを道路側に持っていきました。キッチン－ダイニング－リビングがきれいに一直線に並び、買い物から帰ってきたら真っ先にキッチンに向かえる動線もまた機能的です。かなりすっきりしてきました。

しかしパズルの大事なピースがはまっていない……。そう、道路の向かい側の駐車場に対する「ひらく」か「とじる」かの意思表示がまだなされていません。

このタイミングのプランでは、キッチンが1階の南側壁面に設けられています。機能上は問題ありませんが、キッチンに吊り戸棚などを設けると、道路側には小さな通風窓しかつくれません。

キッチンを計画している場所は、南側の「一等地」。もう少しダイニングに光を届けたり、外へと大胆に視線を導けるような窓がつくれないかと考えてみることにしました。

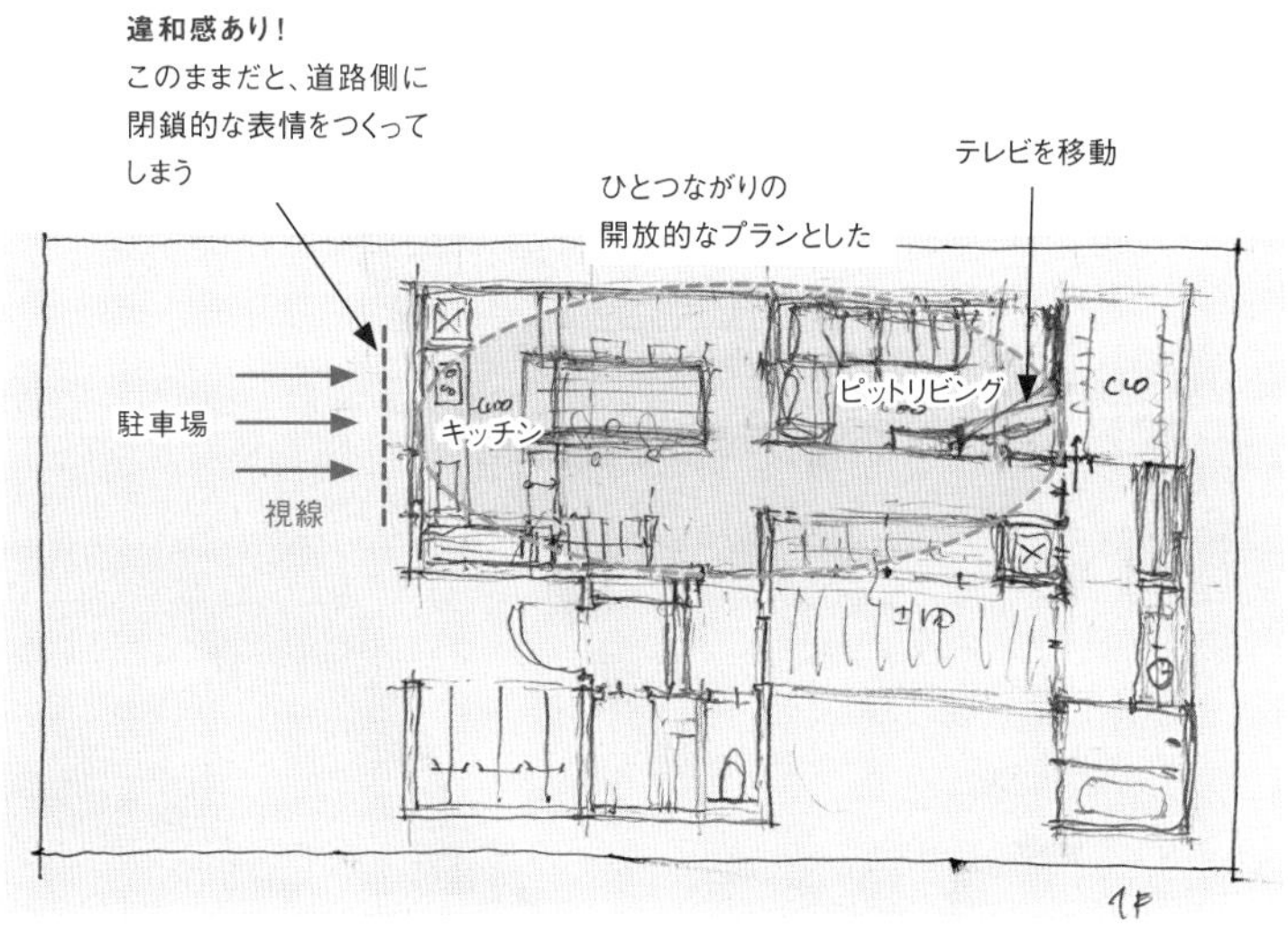
違和感あり！
このままだと、道路側に
閉鎖的な表情をつくって
しまう
ひとつながりの
開放的なプランとした
テレビを移動
駐車場
視線
キッチン
ピットリビング
1F

住宅の中だけでなく、道路からの見え方や街へのひらき方/とじ方を調整する。

## エスキース完成！

最終エスキースでは、廊下から駐車場方向へと一直線に視線が抜けていきます。設置する場所を絞りながらも大胆なサイズの窓を設けることで、街ともつながり、駐車場方向に抜けのある敷地条件を味方にした、より奥行き感のある魅力的なプランとなりました。

大きな窓は、外観デザインにもキーとなるアクセントとして加わっています。

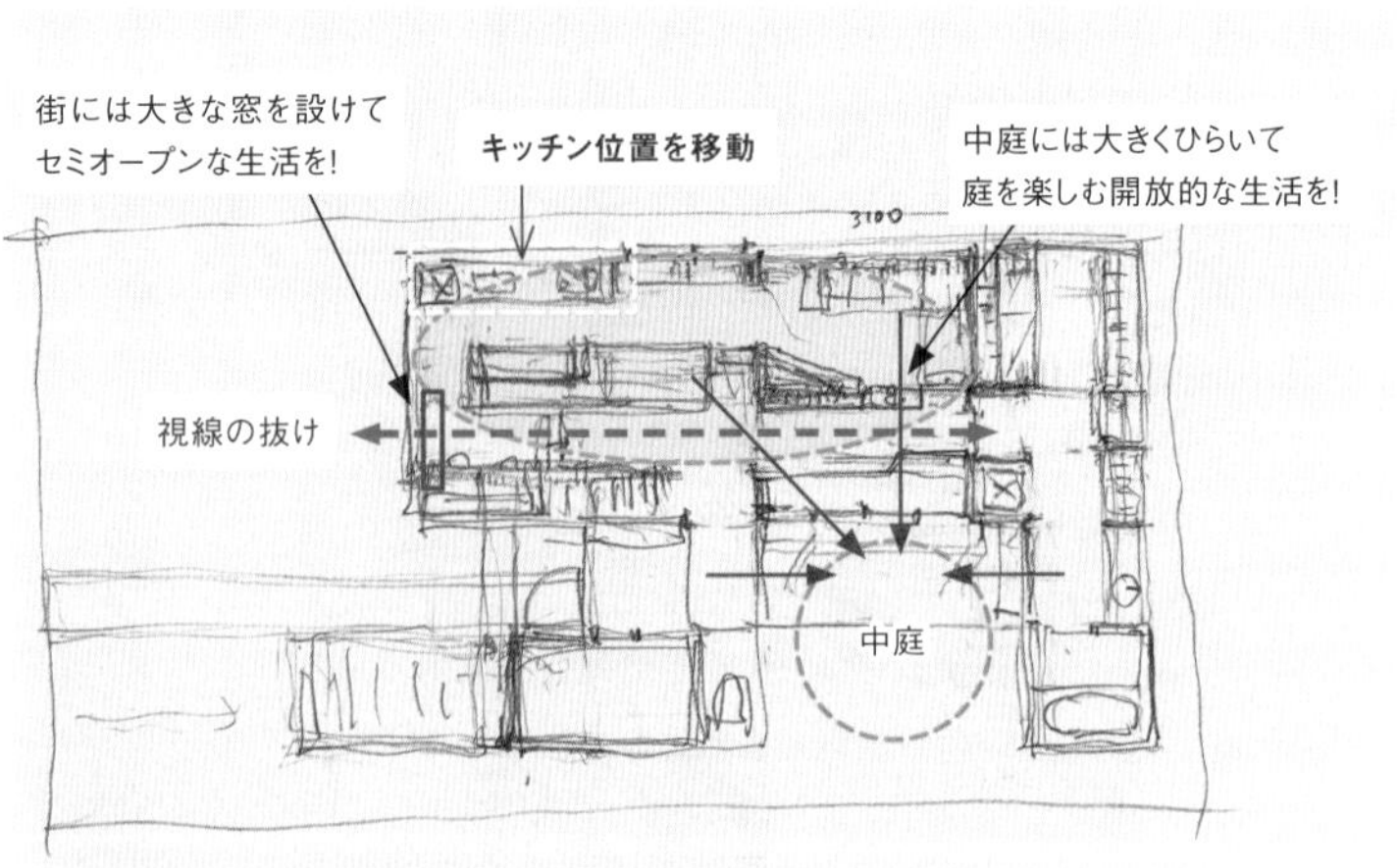

街には大きな窓を設けて
セミオープンな生活を!
キッチン位置を移動
中庭には大きくひらいて
庭を楽しむ開放的な生活を!
3100
視線の抜け
中庭

ようやく案の方向性が固まる!

南面道路側に開けた大きな窓。
この位置が決まったとき、仏師
が最後に仏像に目を入れるよう
に、この家にも「目」が入った。

# 伝わる
# プレゼンテーションの極意

ここまで敷地調査や建て主へのヒアリングを通じて何をキャッチすべきか、またそれをもとにどうプランニングする（エスキースを描く）かを解説してきました。ようやくプランの輪郭が見えてきたところですが、ここから大仕事。そう、プレゼンテーションです！

## プレゼンテーション3箇条

どんなによい案が浮かんだとしても、それを相手に正しく届けられなければ伝わるものも伝わりません。以下は、私がプレゼンテーションで定めている3つの約束です。

1　サプライズはしない
2　一本のストーリーに乗せて伝える
3　ゆるい完璧さを目指す

1の「**サプライズはしない**」とは、建て主の期待に正面から応えるということです。私は良くも悪くも建て主の期待どおりのプレゼンをすることを心がけています。

プレゼンとなると、建て主を喜ばせたい気持ちが先走り、建て主の期待をも追い越してサプライズを仕掛けてしまいがちです。ところが建て主が設計者に期待していることは過去の仕事の延長線にあるクオリティであり、これまで見たことのないようなものを求めているわけではないというのが、私の経験上で感じることです。

これまでの仕事のイメージを少しでも打ち破りたいという気持ちはわかりますが（私も常にその想いは持っていますが）、「建て主の期待を裏切らない」ことは、設計のプロとして守らないといけない一線だと考えています。

2つめの自分が考えた設計の筋道を「**一本のストーリーに乗せて伝える**」ことも、伝わるプレゼンではとても大切なことです。報道アナウンサーのように、事実だけを淡々と説明しても、その建物で暮らすことがどれだけ楽しいことなのかは伝わりません。

自分の頭の中で動画の再生スイッチを押し、建て主がそこで生活することをイメージしながらプレゼンします。たとえば、そこで朝の光を浴びながら朝食を取るシーンをありありと語ることができれば、建て主の脳裏には住まいのイメージがよりくっきりと浮かび上がることでしょう。

3つめの「**ゆるい完璧さ**」とは、一見矛盾する言葉のように思えるかもしれませんが、伝わるプレゼンには欠かせないふるまいの一つです。

細部まで考え抜いたプランがいかに素晴らしく、完璧なものであるかを説明したくなるのが人情。でも、ここで少し冷静になって、建て主の立場や気持ちについても考える必要があります。

建て主は、設計については素人です。素人を相手に専門知識で理論武装し、この設計がいかに優れているかを力説すればするほど、相手の心は離れていきます。自分の理解できる領域をあまりに超えてしまうと、人は思考停止に陥ってしまうのです。

**建て主への最初のアウトプットであるプレゼンでは、少しラフなくらいでちょうどよい、**というのが私の持論です。先ほどのプランを例に、私たちの事務所のプレゼンの進め方を実際に見ていきましょう。

エスキースによってまとめ上げたプランからCADで起こした図面を建て主に見せるのではなく、85ページでお伝えしたように、私たちの事務所では手描きのままのプランを提出します。これを私たちはラフプランと呼んでます。

実はこのラフプランを作図するために、私たちも一度CADで簡単に輪郭線を引いて骨格を整える作業を行っています。縮尺1／100の図面の場合、「**図面の1ミリは原寸の10センチ**」なので、これをしておかないと、寸法のブレなどで建物が敷地に納まらなくなったり、所定の家具が入らずにプランが破綻したりすることがあるためです。

簡単なCAD図をテンプレートにして、その上から手描き（フリーハンド）でCAD図の輪郭をトレースしてプランを肉付けしていきます。手で描くことで程よいゆるさになり、同時に自らのプロポーション感覚も磨かれることになります。

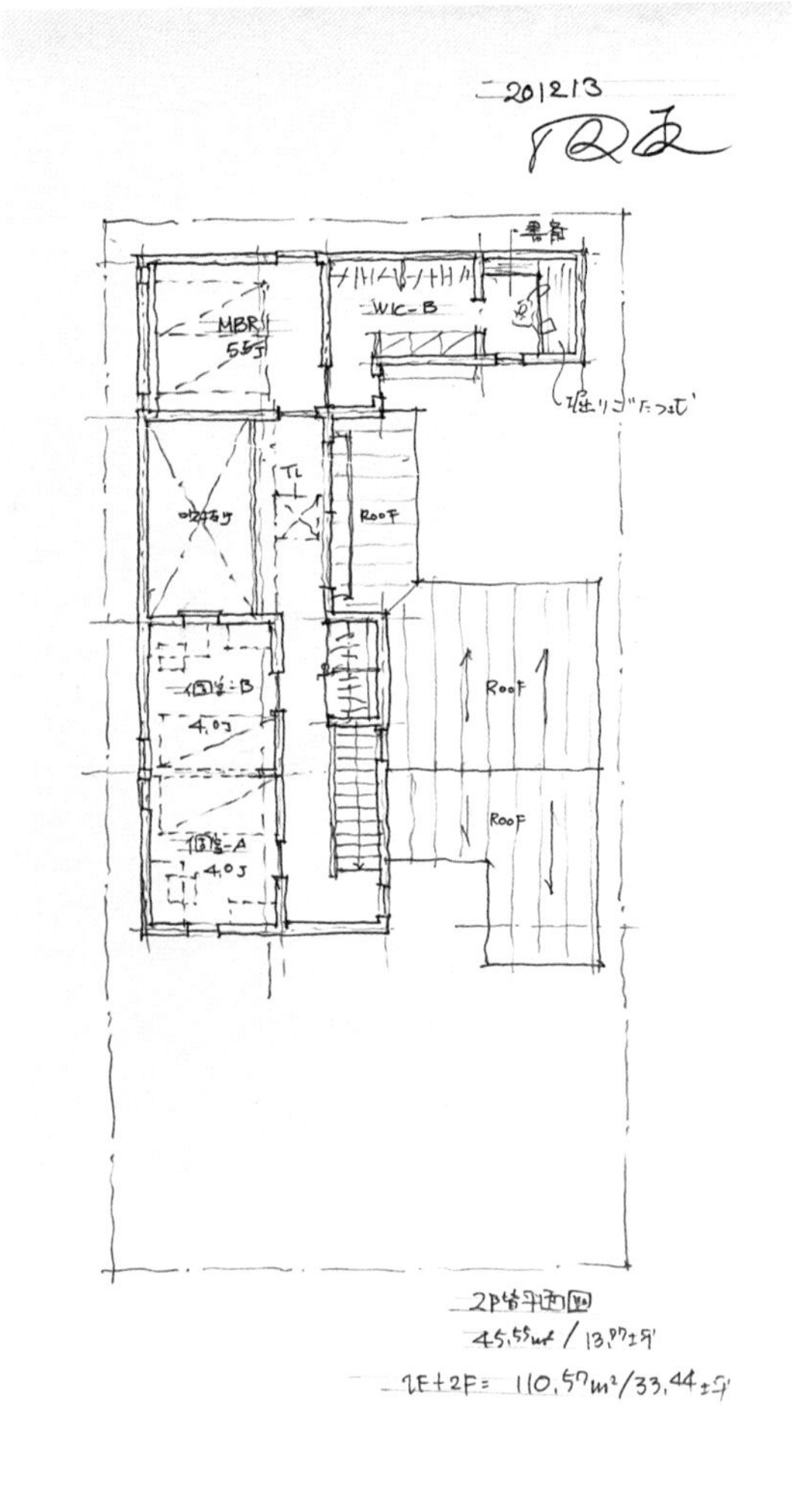
201213
MBR
5.5J
WIC-B
書斎
TL
ROOF
個室-B
4.0J
個室-A
4.0J
ROOF
ROOF
2F階平面図
45.55㎡/13.77坪
1F+2F= 110.57㎡/33.44坪

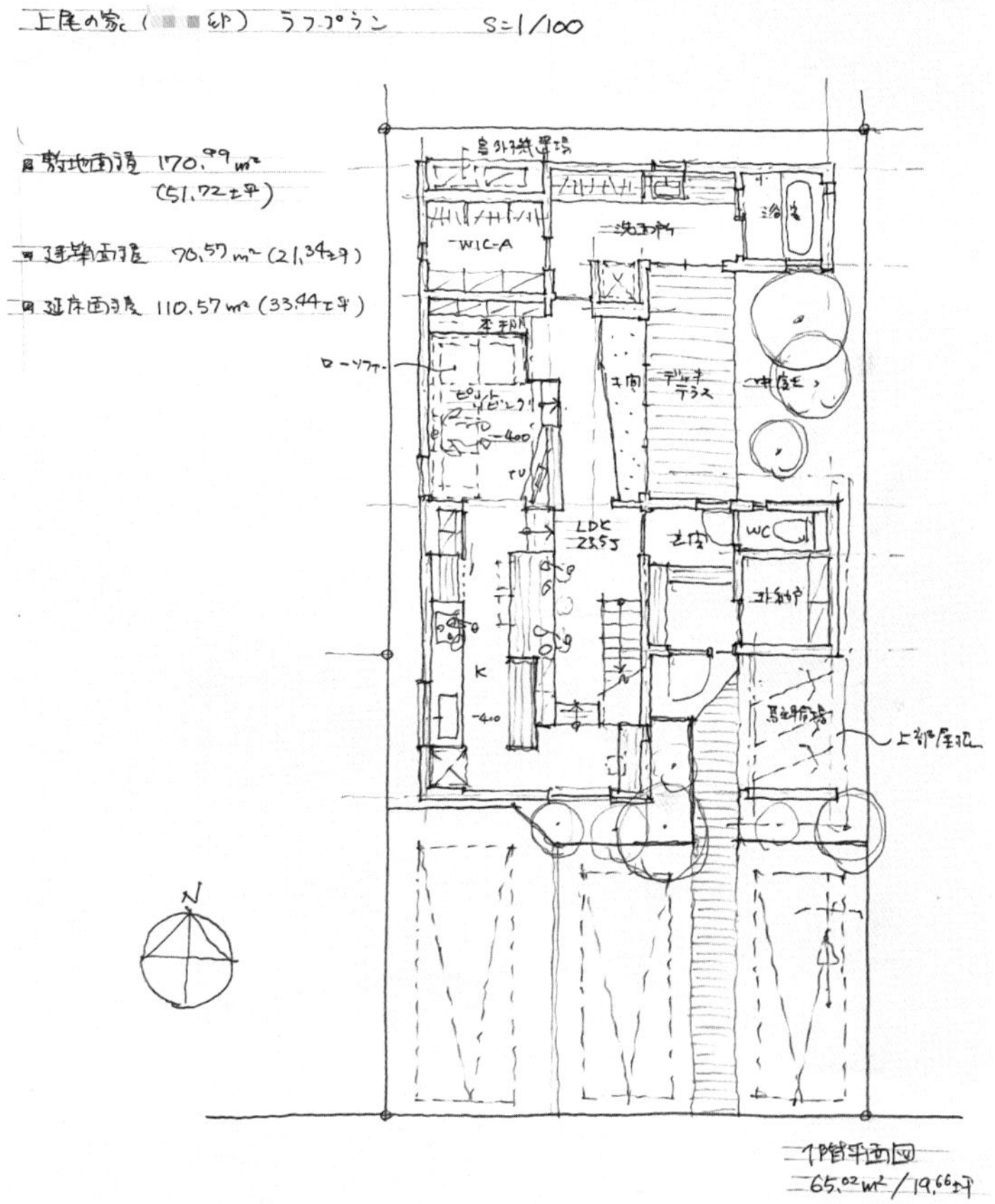


建物の輪郭のラフなテンプレートをCADでつくり、それを下敷きにして精度を上げたラフプランをまとめ上げる。なお、CAD図のトレース作業は手描きで行う。線の微妙なブレやゆらぎは、プラン図に漂う張り詰めた緊張感をほぐしてくれる。また、その線を自らの手で描くことで「自分らしさ」も表現できる。

さらにプラン図に、そこで家族がどうふるまうかといった人物像を描き込むことで、建て主もそこでの生活をよりリアルにイメージできるようになります。**図面から建て主がリアルに生活をイメージできる。これが何より大切なことなのです。**

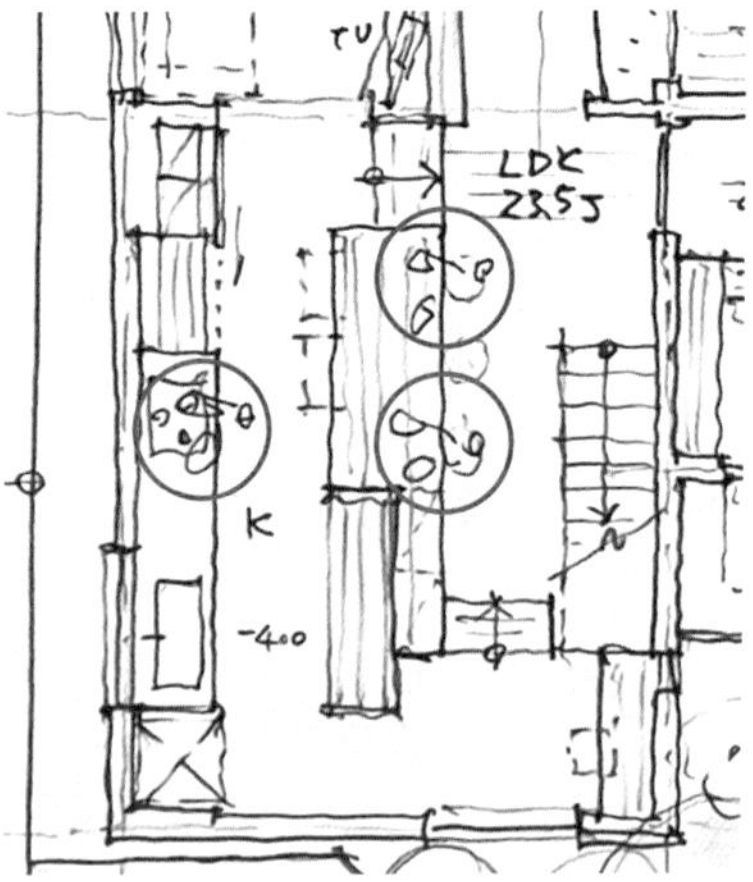


キッチンのコンロで料理する人と、それをダイニングで楽しみに待つ2人。簡単な絵でいいので、人物をプラン内に描くことで、建て主が生活をリアルに感じられるようになる。

もう一つ、このような手描きのラフな案を最初に見せる理由があります。それは「まだ変更できますよ」という意思表示を示すということです。

以前は私たちの事務所でも、案ができたらカチッとＣＡＤで寸法を詰めて作図し、精巧な模型までつくってプレゼンに臨んでいました。もちろんそれで喜んでもらえることもあるのですが、ある建て主から私たちのプレゼンについてこう言われたことがありました。

「あまりに完璧で、素人が口を出してはいけない空気を感じた」

この言葉は、正直ショックでした。その建て主はとても寛容な方で、私たちの設計を尊重してくれてはいたのですが、専門家の「全力」がときに素人にとって「暴力」にすらなるのだとも感じました。

キチッと仕上げられた図面は、それ自体がもはや決定事項であるかのような気配を漂わせてしまいます。建て主からすると、素朴な疑問や要望すらも言いにくい空気をつくる要因にもなります。考えてみると、人は人工的なものより手間暇をかけたハンドメイドのほうがより自分たちに寄り添ってくれているように感じるものです。

鉛筆でラフに描かれた線は、消しゴムでいますぐ消せるという気楽さが感じられるので、建て主も意見を言いやすくもなります。

これこそが「ゆるい完璧さ」の目指すところなのです。

## 最後に色鉛筆で着彩

最後にフリーハンドでトレースした図面に色鉛筆などで着彩して、プレゼン用のラフプランは完成です。私は、色鉛筆というユルさが気に入っています。

また、私たちの事務所では、できるだけ担当スタッフに色を塗ってもらうようにしています。担当者として、プレゼンに関わる喜びを感じてもらいたいと思っているためです。

ところで立面図や断面図はどうしているのかと、疑問に持たれる方も多いかと思います。実は、私たちの事務所ではラフ提案の段階では、原則としてプラン図しか見せていません。なぜならこのラフプランを本提案前の「プレ提案」と位置付けているからです。

プレ提案というのが少しわかりづらければ、**ヒアリング打ち合わせに対する「打ち合わせ議事録」みたいなもの**だと思ってください。発言ベースで議事録を残すのではなく「あなたのおっしゃったことはこういうことですよね」と言葉ではなく、図面で示したものというニュアンスです。

おそらく建て主は、自分が発言したことが正しく伝わっているか、ドキドキしているは

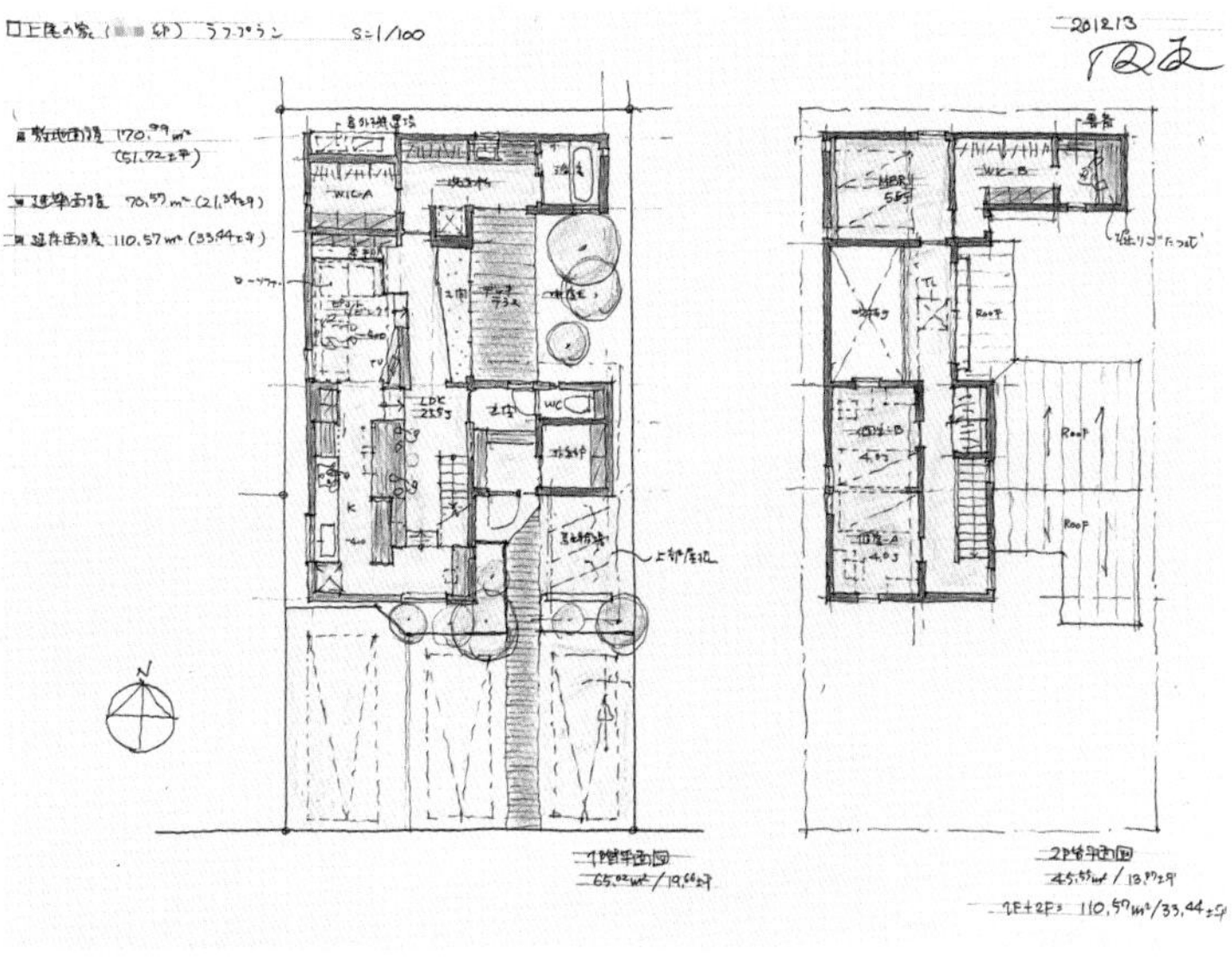


着彩してラフ提案完成！　建て主の共感を引出すためには、少しゆるめが良い。十分に精査を重ねたプランはCADではなく、あえて手描きで描いた素朴なスケッチのほうが理解もしやすく、好感度も高い。ゆるい完璧さを目指す！

ずです。本提案で「大外し」をされたら困るのは、実は設計者ではなく、むしろ建て主のほうかもしれないのです。

プレ提案ですから、本提案前に「次回はこんな感じで出そうと思っています」という意味を込めて下描き（ドラフト）を見てもらうという感覚に近いかもしれません。映画で言えば予告編でしょうか。このひと手間はとても時間がかかります。でもこれをやるかやらないかで、建て主からの信頼は大きく変わります。

なお、あくまで予告編なので、ここではチラ見せということですね。これも先の「サプライズはしない」という考えにつながるものです。

## 本提案はＣＡＤベースで

先のラフ提案で方向性を共有できたら、最後に本提案です。

ラフ提案で明らかになった課題を整理し反映させて、ＣＡＤで詳細プラン図を起こします。また本提案では、立面図や断面図を描くことはもちろん、周辺環境までつくり込んだ模型を作成して建て主に見せます。

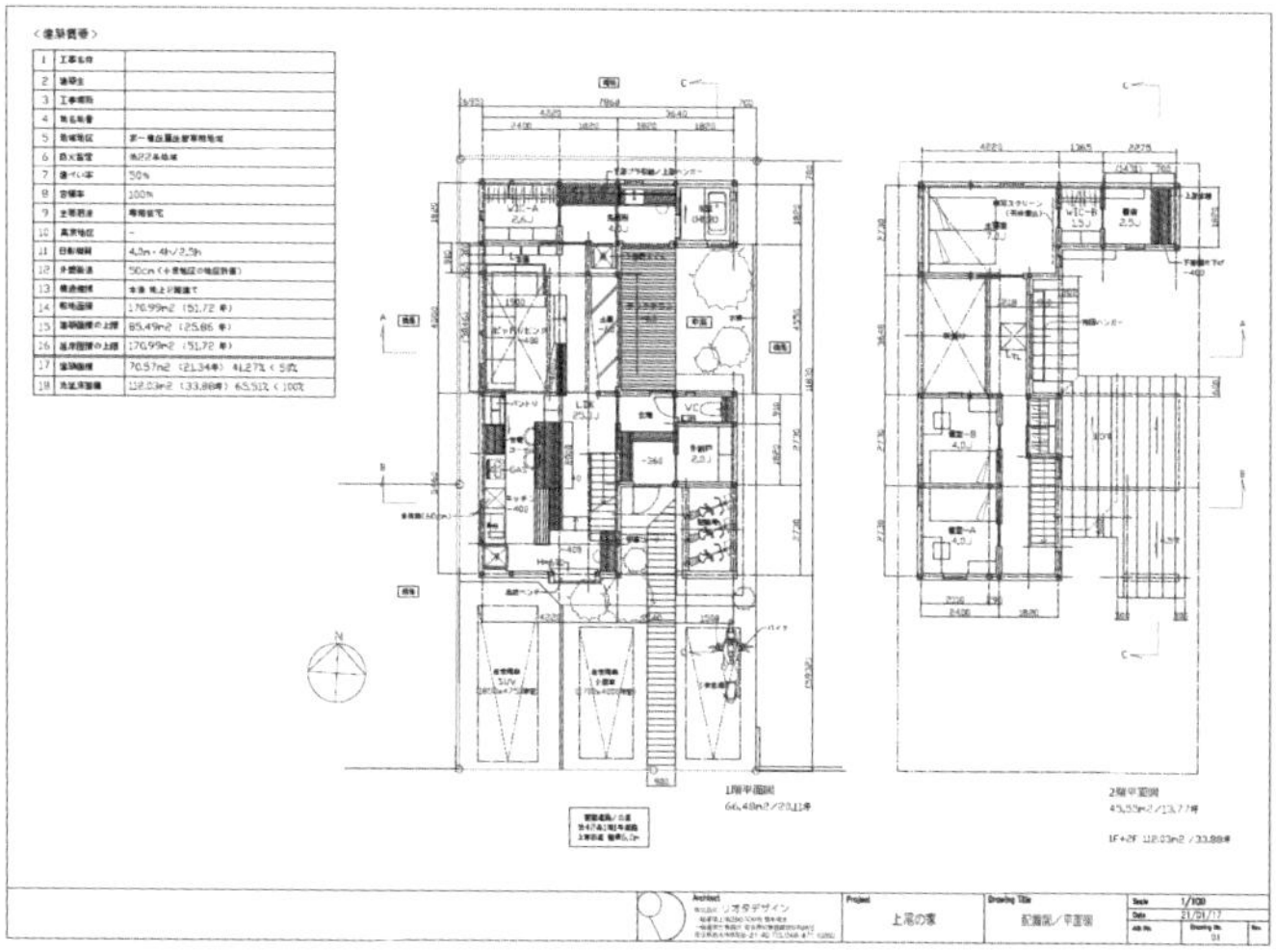

本提案では、前回のラフ提案での課題を整理し織り込んで、CADベースで共有する。

模型は周辺環境も含めてつくり込み、設計時に考えたことを相手と共有できるようにする。

ただしご覧いただくとわかると思いますが、着彩まで行ったラフ案とは打って変わって、淡泊な図面です。その代わり寸法線が入り、ＣＡＤによって可能なかぎり細部まで表現されています。これは以下の考えによるものです。

○ラフ提案＝打ち合わせ議事録
○本提案＝基本設計の始まり

本提案で見せる図面は、プロジェクトの実質的キックオフという位置付けとなります。以後は、いかなる修正や書き込みなどにも耐えられるように、ＣＡＤによる白図面ベースで進めていきます。

## いよいよ設計契約＝基本設計へ

ラフ提案とその場での打ち合わせを経て、本提案のプランにはすでに一次修正が加えられ、建て主のリアリティにより近いものになっています。

私たちの事務所では、この本提案に承認をもらったうえで設計契約、そして基本設計へと進みます。設計契約前までにここまでやるのかと思う方もいるかもしれませんが、このあとの工程を考えると間違いのないプロセスなのです。実際、この段階で設計契約を断られることはほとんどありません。

さて、これまで私たちの事務所のプレゼンの流れを、プレゼン用の図面作成から、ラフ提案、本提案まで説明してきました。すでにおわかりいただけたと思いますが、実質的なプレゼンは、本提案の一つ手前のラフ提案で終わっています。これがどこまでもサプライズをしない私たちの事務所のプレゼンスタイルなのです。

# プレゼン後に始まる基本設計と素材選び

## 基本設計で詳細を詰める

さて、案の方向性がおおむね定まれば、ここからが基本設計の始まりです。私たちの事務所では、ここに至るまでのプロセスを長く取るので、基本設計以降に骨格ごとひっくり返ったり、方向性が大きくぶれたりすることはありません。

この段階からは、建て主に具体的な仕上げのサンプルを提案し、より具体的に計画のイメージを深掘りしていくようにしています。

実際の仕上げ材の確定は、仕上げ表の作成時など、実施設計のプロセスになることも多いと思います。私たちの事務所でも同様ですが、ここでの仕上げ材の検討は、あくまで建て主にイメージを膨らませてもらう手段として行っています。

というのも、私たちにとってはわかりやすい図面情報であっても、建て主にとっては記号でしかなく、それがどんな色をしているのか、どんな手触りなのかがわからないと具体的に生活をイメージすることが難しくなるからです。

ここでは、基本設計段階で検討しておくべき、素材について整理してみたいと思います。

## 室内の素材は、引き算で選ぶ

**住宅の室内に使う素材は、可能なかぎり種類を絞ったほうがよい**と思っています。

たとえば、あなたが料理人なら、活きのよい食材が目の前にあれば、その鮮度を活かした最小限の手数と味付けで客の前に出すことでしょう。住宅は竣工時が最終形ではありません。そこに建て主の生活が加わることで、そのあり様は「雑多煮」のように味わい深いものに変化していきます。最初の味付け（＝竣工時の状態）は少し物足りないくらいにして、あとから建て主に適宜塩を振ってもらうくらいでちょうどよいのです。

ですから、私たちの事務所では余分な要素を引き算して、室内の素材にできるだけシンプルなものを選ぶようにしています。

床材は、住宅の味付けを左右する素材の一つ。ナラやチークのように堅い広葉樹の場合と、パインやスギのような柔らかい針葉樹の場合とでは、空間の印象は大きく変わります。最初に何を選ぶかで、ほかの仕上げの組み合わせや住宅全体のテイストが大きく変わるので、ここでは十分な検討と議論が必要です。

私たちの事務所の定番床材は、**ナラとタモ（ホワイトアッシュ）**。ナラやタモは、空間全体をニュートラルなテイストにし、あとで選ぶどんな素材とも合わせやすいので、入居後の建て主の生活にもなじみやすいと考えています。建て主が素材に迷っているときはこれらを勧めています。

ナラやタモ以外にも、ブラックチェリーなどの三層材や北欧パインなど、シンプルでかつコストと品質が釣り合う定番床材も用意しています。

床材を決める際には、それらを数種類、建て主の目の前に並べて好みの建材を選んでもらっています。とはいえ、あらゆる素材から選んでもらうのではなく、あらかじめ私たちの設計に合う素材をセレクトしているので、どれを選んでも基本的に失敗はしません。

床材が決まったら、次にそれと調和する造作や家具面材の選択です。これらも基本はシンプルな材を使用しています。

コストが厳しい場合は、シナベニヤ面材の素地を活かして使っています。少しグレード感を出したいときは練付板（突板）で、ナラやタモのような汎用材だけでなく、チークなど高級面材を使うこともあります。

また、キッチン造作には練付板、ほかの造作家具はシナベニヤ面材が標準です。素材感がそろわないじゃないかと思うかもしれませんが、寛容に何でも受け入れる空間にしておいたほうが空間の緊張感を和らげてくれます。もちろん、コストのメリハリもつきます。

壁の仕上げについては、引き算の考え方＝「白ければ何でもよい」が基本的な考え方です。下地に調湿性のある石膏ボードを張り、ＥＰ塗装にしたり紙クロスを使ったり、機能性壁紙と呼ばれるビニルクロスを使ったりと、柔軟に考えるようにしています。

もちろん漆喰や珪藻土は調湿性に優れた素材ですが、全面使用となると仕上げのコスト比率を大きく引き上げてしまうことがネックです。石膏ボード＋ＥＰ塗装や紙クロスならば、質感を損なわず左官仕上げと比べてコストを約半分に抑えることが可能です。

また、ビニルクロスを目の敵にする人もいますが、ペットを飼っていたり小さなお子さんがいたりする家庭では、こうした機能性壁紙の使用は傷や汚れなどに気を遣わなくて済むという利点もあります。あまり先入観は持たず、シンプルなテクスチャのものを予算に応じてフレキシブルに選んでいきたいところです。

天井の仕上げは、床、家具、壁の仕上げが決まってから最後に決めます。なぜなら天井のあり方で空間の印象は一変するからです。全体のバランスを見ながら、足し算や引き算を考えて決定します。

私たちの事務所では、天井を構造あらわしにすることが多いので、自ずと木質感のある天井になることが多くなります。壁を木質化しすぎると、空間を重い印象にすることもありますが、天井ならば圧迫感が少なく、空間をピリッと引き締めてくれます。

内装材全般をまとめると、**シンプルでコストパフォーマンスの高い素材を優先的に使い、部分的にタイルや木質素材などでアクセントを付けるというのが仕上げのルール。**住宅で第一に考えるべきは、あくまでも建て主の生活です。あとから入ってくるだろう生活要素を織り込んで、**内装材選びは引き算で考えることが大切**です。

## 限られた外装材で唯一無二の外観をつくる

次に住宅の外装についてです。

住宅の外壁などの外装材に関しても、私たちの事務所ではデザインや機能などに応じた限られた素材しか使いません。乾式であれば板金職人によるガルバリウム鋼板葺き仕上げ、湿式であればモルタル下地に吹付け仕上げか左官仕上げにします。それらに木の羽目板などを部分張りすることもありますが、サイディングはあまり使いません。

私が外装に求める要素は、**竣工時点の美しさはもちろんのこと、そこから年を経ても美しさが保てるか**です。もちろん**コストパフォーマンスも大きなポイント**です。

さらに**個性的であること。**これもきわめて大きな要素の一つ。こうした観点から過去にあらゆる素材を試し、今では前述の2種類にほぼ絞られました。

　性能面では、メンテナンスが容易という意味においてガルバリウム鋼板は最強だと思いますが、良くも悪くも硬質で冷たい印象になるので、一部に羽目板を張ったり、繊細な樹形の造園と組み合わせたりして、なるべく冷たさが和らぐようにしています。

　また先のサイディングを使わない理由でもあるのですが、硬質で冷たい印象の素材を無機的な工業製品として使うと、どうもぶっきらぼうで無個性な表情になってしまう気がし

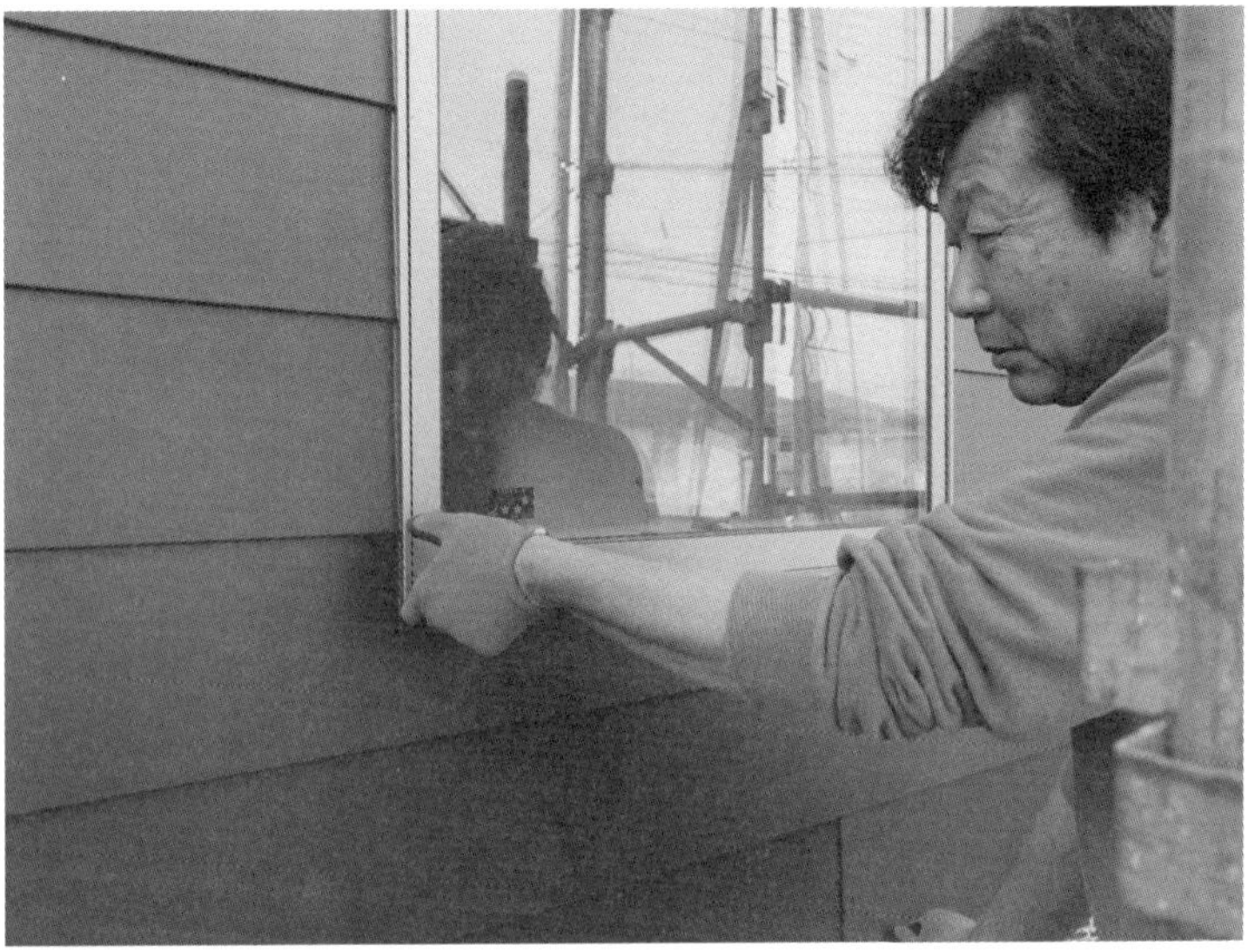

板金職人・新井勇司さんによる美しい窓廻りの納まり。

ています。せめて鋼板仕上げにする際は、つくり手の熱量が感じられるような板金職人による板金仕上げにしたいというのが私の考えです。

こちらは職人の技量によるところも大きいため、毎回納まりなどを職人と相談しながら改善していったら、いつしか芸術作品のように美しい板金仕上げになりました。今では少しハードルが上がりすぎたかなと思っていますが、ガルバリウム鋼板という比較的安価な素材を使いながら、職人の腕だけでこんなにも美しい仕上げになるのだというのは感動ものでもあります。

湿式仕上げは、かたまり感のあるモノコックな造形表現に向いています。また色やテクスチャの組み合わせによって、建物の佇まいや建て主の好みを反映させた個性的な外観をつくることもできます。

私の場合は、アクリル樹脂系のものなど、調色が自由にできて軒や庇などがなくても強い耐久性が担保される素材を使います。最近では、技術の進歩によって経年変化でも汚れが付きにくいものも出てきたので、造形もより自由になったと感じています。

色は少し割高になることを覚悟で、いつも特注色によるオリジナルカラーをつくっています。色の指定で心がけているのは「**一言で表現できない色**」にすること。

最近竣工した家では、晴れているときはモスグリーンに見えるのに、曇っているとダークブラウンに見える不思議な外壁色をつくりました。見る時によって感じ方が変わる二面性のある色で長く楽しめると建て主にも好評です。

グレーとベージュの中間色（グレージュと表現するそうですが）もよく使う色です。アンニュイな色で、唯一無二の個性的な外観を表現できます。

外観は街に向けた顔であり、建物が発するメッセージです。じっくり練り上げたプランニングやそこから生まれた造形をより引き立たせ、建物の個性をよりわかりやすく伝えるためのパッケージ（外装）は慎重に選びたいところです。

通りを歩いていた人が、ふと建物を見上げて「素敵な住宅だね」「こんな家に住んでみたいね」なんて会話をしてもらえたら、その住まいは建て主だけでなく街の人たちをも幸せにする住まいになったと言えるでしょう。

# 小さいものをたくさん集める

　家の骨格はなるべく大きく大胆につくりたいけれど、暮らしに直結する部分については小さいものをたくさん集めるようにつくる。私の設計にはそういう傾向がある気がします。

　建築設計には大きなお金が動きます。ある仕様を決めることで数十万円という金額で見積りが増えることもしばしばです。一方で、少し贅沢と思うような仕上げでも、ごく限られた部分に使うならばその金額も限定的です。

　これはコストコントロールの話にも絡みますが、建て主は要望を一つでも多く叶えたいと思うものです。ですから、私たちの事務所ではギリギリまでコスト努力をしてその願いを叶えられるよう尽力します。

　たとえば内装の壁を漆喰や珪藻土などで仕上げると、材工で平米当たり3000～4000円ほどかかります。これをEP塗装や壁紙などにすると約半分。その一部に羽目板やタイルを張ったり、マグネットが付く壁紙を使ったりと、部位ごとに仕上げを変えれば、コストはあまり上げずに建て主の要望を実現することができます。

　また、浴室壁の仕上げをタイルではなく羽目板にする理由も同じです。大工仕事ならばタイルを張るよりも施工が合理化されますし、そのうえ総桧張りの風呂は高級感も演出してくれます。造付けの棚などでも、簡単なつくりならば大工さんにお願いすることで、ホームセンターでスチールラックを買いそろえるのと大して変わらない費用でつくることができることもあります。

　設備機器や水栓金具などは、実はワングレード上げても実際の差額は微々たるものだったりします。建て主にとっては、そのちょっとした違いがうれしいものです。

　建物の内覧会を開くと、同業者からはいつもコストの質問を受け、私の答えに皆さん目を丸くします。想像していたよりもずっとコストが抑えられていてびっくりするようです。

　建て主の予算上限は決まっています。その中でなるべく多くのご要望をたくさん叶えたいものですね。

キッチンの一角に張ったモザイクタイル。こんなワンポイントでも生活にちょっとしたアクセントや彩りを与えてくれる。

# その他のプランニング要素

基本設計では図面に表現こそしなくとも、構造要素やバルコニーなどの防水納まり、設備機器の納まりや配管ルートといったことも同時に考える必要があります。

たとえば基本設計段階で架構をしっかり押さえていなかったばかりに、梁せいによって天井が納まらなくなったり、スイッチやインターホンなどの機器を取り付ける壁面の余地を残しておかず、設備の検討段階で設計変更を迫られたりすることもあります。

基本設計図面はスケールが小さいため、描き切れない情報は平面図や断面図などにＣＡＤの非表示線で描き込みを入れて実施設計に備えます。納まりや技術的な懸念点も水面下で検討を進めます。

この「見通しを立てる」という作業が、設計プロセスを止めない重要なポイント。**仕事における最大の敵は「手戻り」**です。なぜなら時間は取り戻すことができないからです。

基本設計は設計本番（実施設計）前のウォーミングアップのようなものですから、準備を整えて本番では「ケガ」などしないように心がけたいところですね。

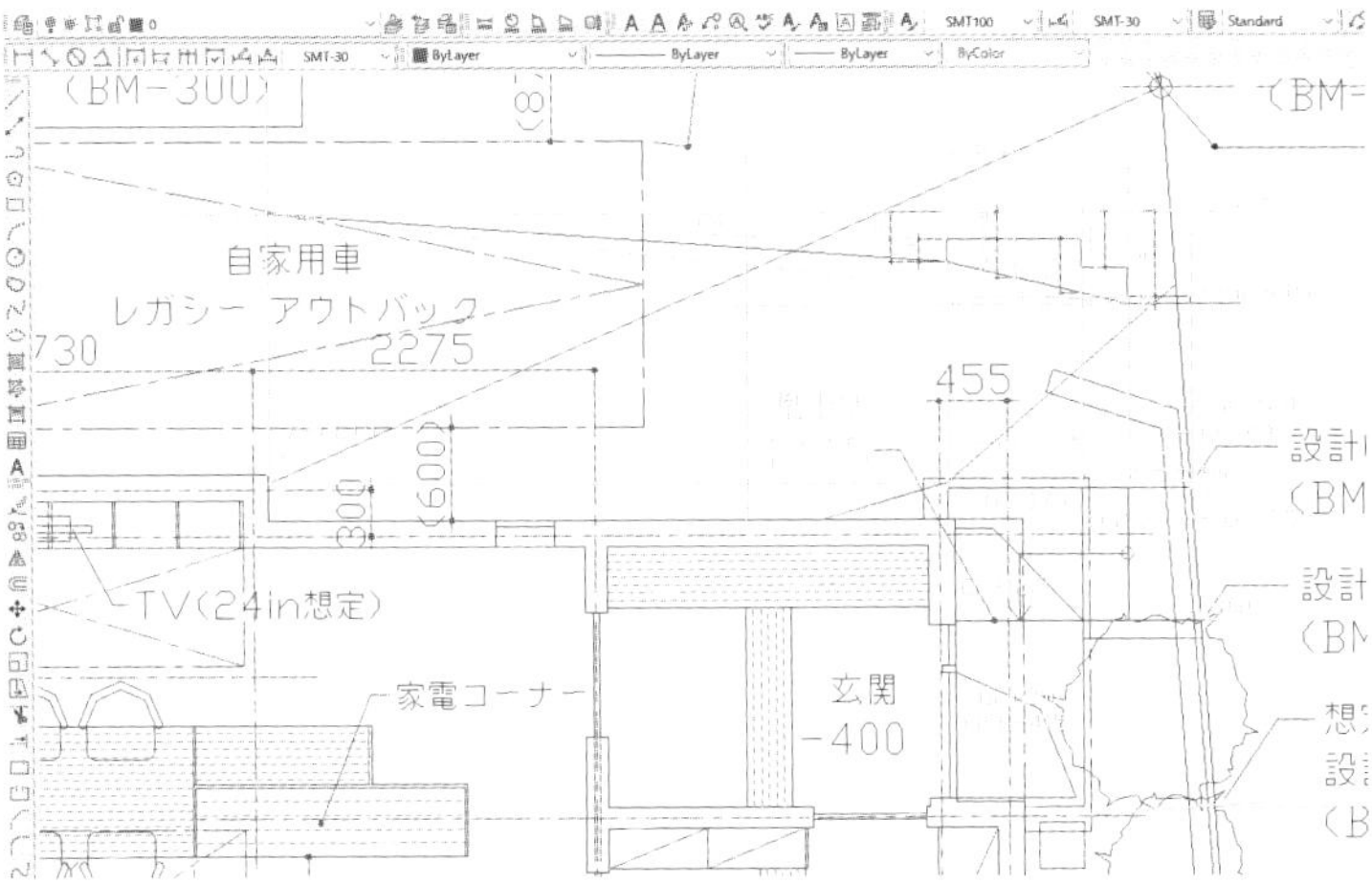


青色の線が非表示線。こうしたメモが基本設計図面には無数に描かれている。

# 実施設計は描き切るが基本

基本設計を終え、建て主とのコンセンサスを含めて建物の設計方針が明確なものになれば、次は実施設計に進みます。

実施設計では、図面の役割も変わってきます。基本設計の図面は建て主とのコミュニケーションのためのツールです。一方、実施設計図は文字どおり、**その工事を「実施する」ために必要な図面で、実務的な内容がそこに網羅されなくてはいけません。**

実施設計図をもとに工務店は積算し、現場では職人がそれを見て施工します。ゼネコンや機動力のある工務店などでは、「施工図」と呼ばれる現場レベルでの製作図面を作成することもありますが、零細工務店と仕事をする場合は、なかなかそうはいきません。このような現場では、良くも悪くも私たちの描いた図面どおりに建物がつくられていくことになります。それゆえに私たちは、現場で混乱が起きないように各所の図面情報の整合性を高め、精度の高い実施図面を作成しなければいけません。それは、現場の職人にとっては絶対的な施工指示書になります。

実際に過去の現場で、大工さんが私たちの製本図面に手書きで「バイブル」と書いていたことがありました。大工さんからの信頼を感じ、本当にうれしかった出来事です。

実施設計では、**「描き切る」ことが重要です。描き切るとは、そのまま現場に入っても質疑が上がることのない図面を描くということ**です。

設計に迷いがあり、現場で最終決定をしたいと思うと、保留事項の多い図面を描きがちです。また物理的に時間がない、「描きすぎると高くなる」といった理由からわざと設計密度を下げる設計者もいるようです。

大工さんの製本図面に「バイブル」と書かれていた。

しかし、不足の多い図面は、現場の職人の手をたびたび止め、手戻りを多くする原因となります。また後出しで図面を出せば、予期せぬ工程が発生したり追加費用がかかったりすることもあります。これでは結果的に、現場や建て主に迷惑をかけてしまいます。

私たちの事務所では、現場での変更は図面の不整合に気づいた場合や、建て主からの要望に基づく軽微な内容変更がほとんどです。

ひとたび現場が動き出せば、私たちは次の設計案件に時間を割きます。もし仮に設計段階で決めきれない要素や、現場に入ってからもう一度確認して進めたいことがあれば、その旨を特記して現場側から当該工程で確認をもらうようにしています。現場に入ってから考えようと思っていたら、気がついたら古い情報のままできあがっていたというのは、現場あるあるでもあります。現場は図面どおりにつくったわけですから罪はありません。これは、私のこれまでの現場での失敗や悔し涙がそのままこうした図面流儀につながっているとも言えます。

時に細かすぎると言われることもある私たちの実施設計図面ですが、本来は現場での精度の高い施工や円滑な工程進捗の助けとなるよう、また現場に入ってから自分たちの負担を減らすために行っているものです。「実施設計は描き切る」を心がけたいものです。

Chapter 3

# 自分の事務所を立ち上げる

心構えからコスト管理まで。
持続可能な経営とは?

独立に必要な心構えをはじめ、
営業、スケジュールとコスト管理、
工務店との交渉術まで。
なかなか人には聞きにくい、
大事な大事な経営の話。

# 独立のために胸に刻むべきこと

私は学生時代から、いつかは独立して自分の事務所を持ちたいと思っていました。わかりやすく言えば私は「建築家」になりたかったのです。

私の学生時代のヒーローは、安藤忠雄さんでした。安藤さんは独学で建築を学び、28歳のときに独立して自分の事務所を持ちました。私も28歳とは言わずとも30歳くらいまでには独立し、それまでに「建築家」と称するに相応しい実力を身につけなくてはと思い、大学卒業後は大手事務所ではなく、アトリエ設計事務所に就職しました。そこで、建築業界の奥深さと自分の実力不足とを身をもって痛感することになります。

大学の設計課題はフィクションですが、実際に建つ建築を設計するということはノンフィクションの世界です。クライアントとの打ち合わせや法規、構造や設備、そしてコストコントロールに至るまで気を配らなくてはなりません。

とにかく覚えることが山ほどあり、経験不足から仕事でもミスが続きました。数年の勤務を経てもなお、自信のかけらも自分の中に芽生えることはありませんでした。

「このままでは自分は独立できないかもしれない……」

20代の後半に差しかかるにつれ、日に日に焦りは募っていき、自分の中で行き詰まりと大きな挫折を感じていました。

北欧のフィンランドに渡ったのはそんなときです。27歳で結婚し、新婚旅行先に選んだ北欧諸国の中でもフィンランドという国に強い興味と共感を抱いた私は、とうとう勤めていた事務所を辞めて、妻とともにフィンランドに渡る決心をしました。

当初は、現地の建築事務所への就職も検討しましたが、結果的に建築を学ぶ留学という手段を選んだ私は、大学に通い、現地での生活や友人たちとの交流することで、これまで日本では得られなかったさまざまな気づきや学びを得ることになりました。それは「建築学」というよりも「北欧の生活哲学」のようなものだったように思います。

北欧の生活哲学とは、端的に言うと、**「無理をせず自分が感じたままに自然体で生きるライフスタイル」**とでも言いましょうか。日本にいるとき私は、つい他人と自分を比較してしまい、自分に足りないものばかり求めていました。また集団から孤立することを恐れ、人と協調することばかりを考えていたようにも思います。

ところが北欧の人たちは至ってマイペースで、孤立することを恐れるどころか進んで一人になることを好んでいるようでした。個人を尊重し、理屈や協調よりも自分の感覚に素直に従い行動するさまは、見ていていつも胸がすく思いでした。

それらに触発され、私の心も少しずつ雪が解けるように変化していきました。代わって心に生まれたのは、「自己肯定感」のようなものだったと思います。

いま振り返れば、日本で感じていた自信のなさの原因は、自分の軸を持っていなかったからだと思います。それが、北欧の生活哲学を学ぶことで、「自分は既にこれまで、日本での大学教育や実務を通して充分に学んでおり、自分に足りないものなどない」と、はじめて心から思えるようになりました。そして、そう思えたことが、「独立」へと舵を切る大きなきっかけとなったのです。

人から見ると、それは「根拠のない自信」かもしれません。それでも私は、独立に一番必要なこと、心に刻むべきことは「**心から自分自身を信じる**」こと、これに尽きると思っています。根拠がなくたって大丈夫です。なぜならかつて私がそうだったように、独立前のあなたはまだ何者でもないのですから。

設計とは終わりのない航海のようなものです。目的地と思っていざ上陸してみると、どうも思っていた場所ではないように思えてしまう、そのような冒険を続ける航海です。そして、独立とは果てなき冒険への「船出」。もしあなたが、冒険へのワクワク感よりも、不安のほうが勝るようなら独立は向いていないのかもしれません。しかしそこに追い風を感じるのならば、自分を信じて、その風に大きく帆を張り出航です。いつか辿り着くだろう彼の地を目指して！

冒険は時には過酷です。凪いだ海で順調に前に進む日もあれば、嵐に荒れた海で、船が転覆しそうになることもあります。そんなとき、私は自分にこう言い聞かせています。「大丈夫、自分という船は今こうしている間にも少しずつ目的地に近づいているのだ」と。

そう、**自分は大丈夫だと信じることは、設計を長く続けていくうえでも、一番大切な心構え**なのです。

# 自分の基準を誰よりも高く

独立後で自分が一番大きく変わったのは、仕事の全責任を負うという意識を持ったことです。事務所勤めのときは所長が最終チェックをし、問題が起こったときには解決してくれました。しかし、独立後はすべて自分で判断し処理しなければなりません。

そのことから、私はいつしか「**自分の基準を誰よりも高く設定する**」ことを強く意識するようになりました。

かつての私はよくミスをして、その度に自己嫌悪に陥っていました。独立後、なぜ自分はミスが多いのかについて考えてみると、危機管理への意識が足りなかったことが原因だったと気がつきました。自分がミスをしても上司がカバーしてくれるという無意識の甘えが、仕事の詰めの甘さにつながっていたのです。そういう意識の甘えを断つためには、自分の基準を高く設定し、自分を厳しく律する必要があると考えるようになりました。

こうした意識を持つようになってから、私のミスは劇的に減りました。それに加えて、現場やスタッフのミスにもすぐに気づくようになりました。「これを見過ごしたら自分は（社会的に）死ぬかもしれない」。その危機感が、自らの仕事の精度をさらに上げる結果になったのです。

そもそも設計事務所のスタッフ時代、私は人のミスを指摘することが苦手でした。現場やメーカーにミスや怠慢があっても、強く言うことができなかっ

たのです。当時は、自分にも引け目があり、人のミスを指摘できるほど自分の仕事は徹底できていないという自覚があったためです。

ところが独立後は違います。問題が起これば、私が矢面に立って事を納めなくてはなりません。こちらの真剣さを相手にわかってもらうためには、自分たちの仕事が徹底されていることが前提ですし、対外的にそのようにふるまうことも必要です。

自らの名前で仕事をするときに大切なのは、「相手からの信頼」です。ただし、**自分の価値基準が、相手が想定しているよりも常に上にあることが条件**になります。ですから私は、仕事への意識は、相手から「何もそこまで」と思われるくらいでちょうど良いと考えています。

相手よりも高い基準で仕事をするようになると、相手はもう細かいことは言わなくなります。もしあなたが、いつまでたっても相手から細かい指摘をされているとすれば、相手が細かいのではなく、自分の詰めの甘さを戒めるべきなのかもしれません。

# 実施設計を軸にしたスケジュール管理術

私たちの事務所では平均して、常時10件前後の仕事が動いています。それに対してスタッフは私以外に2～3人です。おおよそスタッフ1人当たりの担当プロジェクトは同時に3件程度ということになるでしょうか。

時間は目で見ることができません。スタッフが複数の案件を支障なくこなすためには、プロジェクトのフローを「見える化」する必要があります。

次ページに私たちの事務所で作成しているプロジェクト進行表を掲載しました。プロジェクトは大きく基本設計／実施設計／現場監理の3つのフェーズに分けています。

●…施主打合せ　●…ラフ案　●…プレゼンテーション　△…必要に応じて

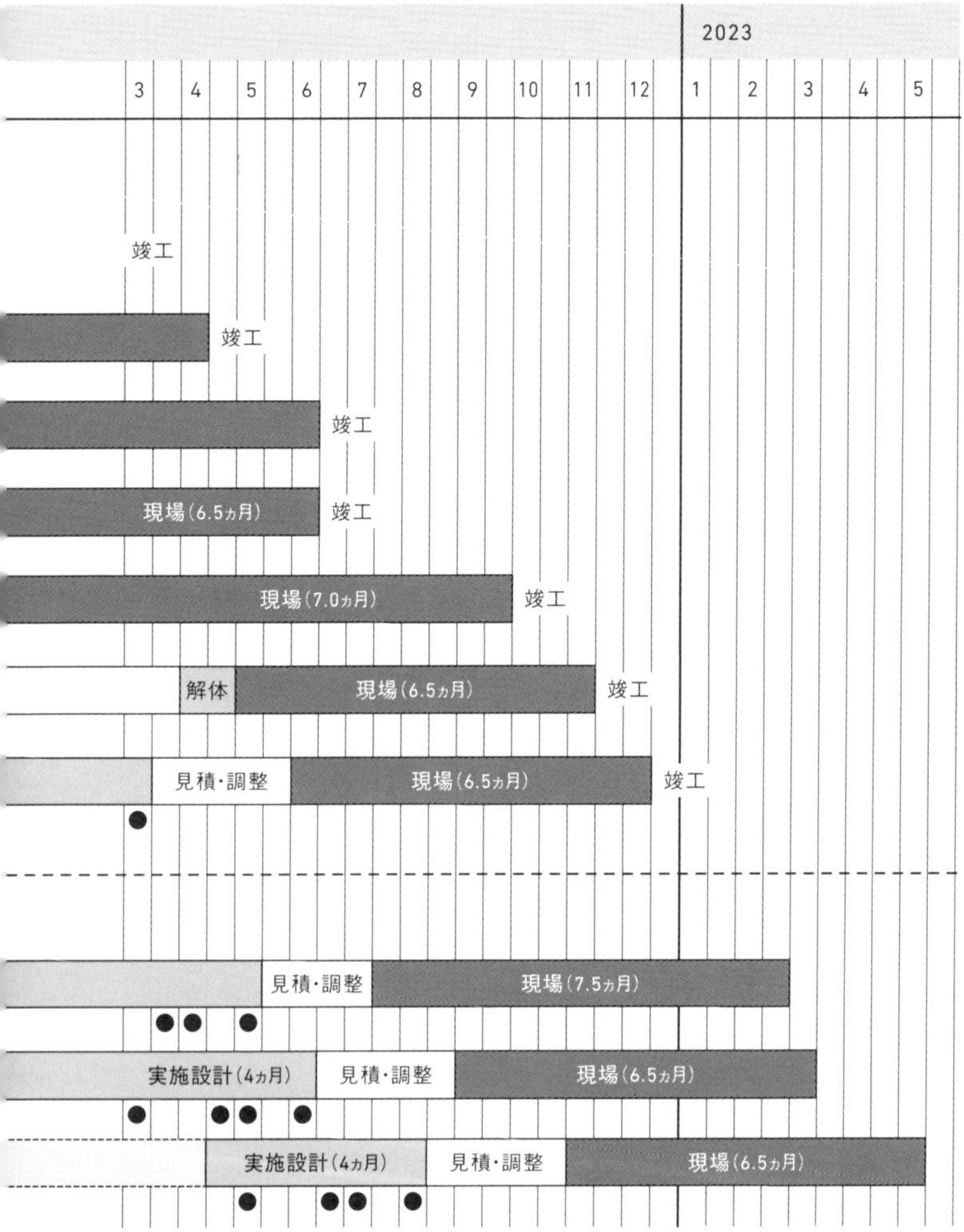

## リオタデザイン|プロジェクト進行表

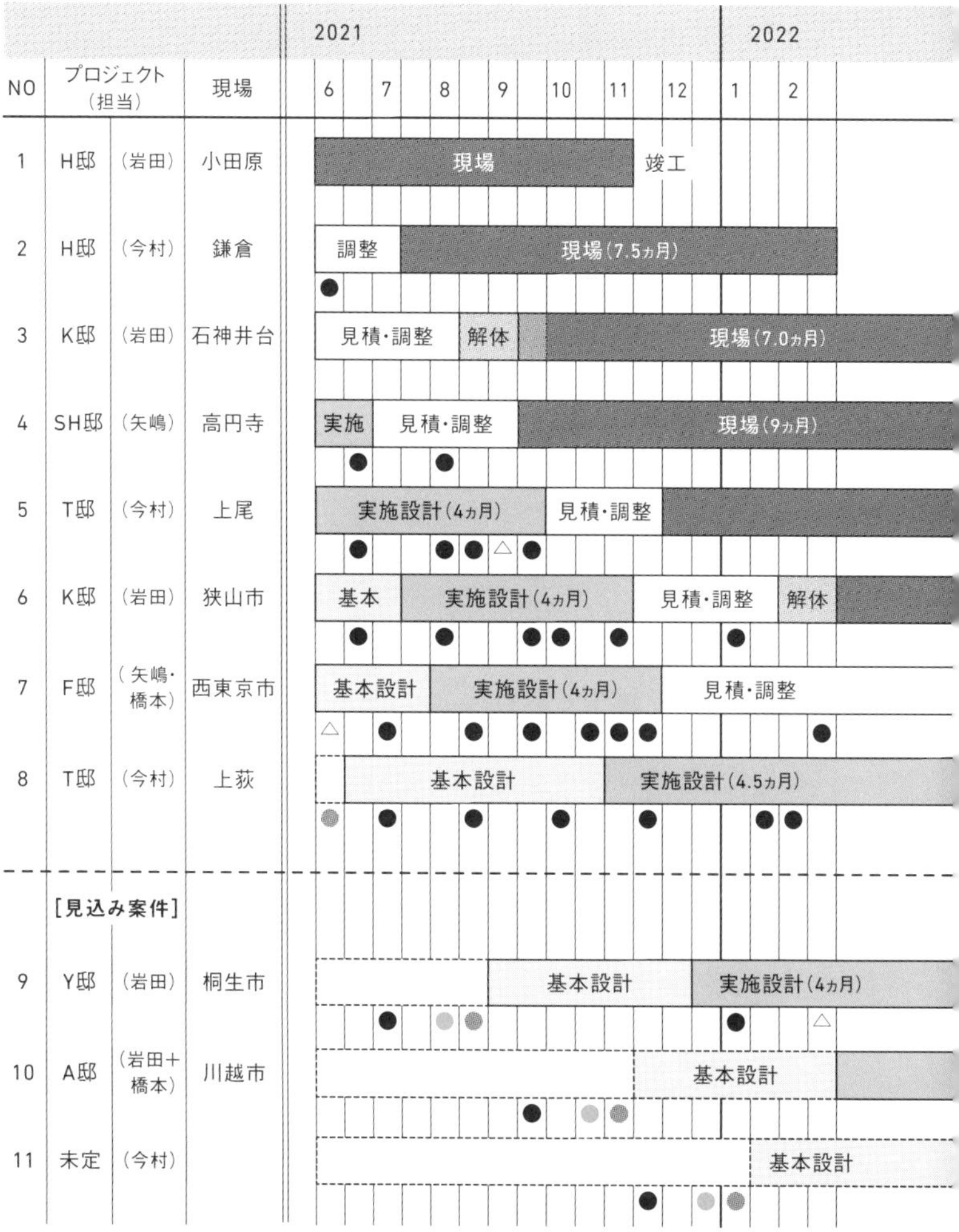
2021
2022
NO
プロジェクト
（担当）
現場
6
7
8
9
10
11
12
1
2
1 H邸 （岩田） 小田原
現場
竣工
2 H邸 （今村） 鎌倉
調整
現場（7.5ヵ月）
3 K邸 （岩田） 石神井台
見積・調整
解体
現場（7.0ヵ月）
4 SH邸 （矢嶋） 高円寺
実施
見積・調整
現場（9ヵ月）
5 T邸 （今村） 上尾
実施設計（4ヵ月）
見積・調整
6 K邸 （岩田） 狭山市
基本
実施設計（4ヵ月）
見積・調整
解体
7 F邸 （矢嶋・橋本） 西東京市
基本設計
実施設計（4ヵ月）
見積・調整
8 T邸 （今村） 上荻
基本設計
実施設計（4.5ヵ月）
[見込み案件]
9 Y邸 （岩田） 桐生市
基本設計
実施設計（4ヵ月）
10 A邸 （岩田＋橋本） 川越市
基本設計
11 未定 （今村）
基本設計

3つのフェーズで、最も重視し、時間を割いているのは実施設計です。なぜならば実施設計は、仕事のクオリティに関わる最も重要な設計だからです。

そのため、**スタッフが常に「目先の実施設計だけに集中して向き合える」**ようにスケジュールを組むよう心がけています。

実施設計は、一人のスタッフが担当するのはを同時期に一つだけ。担当している実施設計が終わるまでは、そのスタッフが別の案件の実施設計を始めることはありません。

また、どんなに仕事が集中しても、実施設計の設計期間を短縮させることもしません。結果として、実施設計待ちの建て主が出てくることになりますが、成果でお返しするしかないと考えています。

私にとって**仕事のクオリティを守ることが何よりも大事なことで、ひいてはそれが次の仕事につながる**と考えているからです。

一方、基本設計でのスタッフの負担は限定的なため、並行して複数の案件を同時に担当してもらっています。実施設計に時間を割くことにより、基本設計の進捗が比較的ゆっくりとなることや、基本設計は私が主軸を握り自分の考えを色濃く反映させなくてはいけないプロセスだと考えているからです。

現場監理については、Chapter2で書いたように実施設計ですべてを描き切っているので、現場での質疑や変更は最低限で済みます。負担が比較的軽いので、1人のスタッフが複数の監理を同時に担当できています。

このスケジュール管理術はスタッフのマンパワーに依存するため、急ぎの仕事は受けられません。また、またどんなに条件が良い仕事でも、建て主から前述のスケジュール感への理解が得られない場合は、残念ながらお断りしています。

どんなに設計が上手くなるためのコツや心がけを身につけても、仕事のスケジュール管理ができなければ、それを存分に発揮する機会は失われます。

世間では「設計の仕事は長時間労働で、徹夜や休日出勤は当たり前のブラックな業界」と思われているようです。実際そういう実態もあるのでしょうが、それはもしかしたらスケジュール管理が上手くいっていないからかもしれません。

私たちの事務所は、他の業種と同じく週休二日制をとっていますし、年末やお盆にもしっかり休みます。残業はありますが徹夜はしません。繁忙期を除けば、皆それぞれの裁量で仕事を切り上げているようです。

それでもちゃんと予定どおりに仕事は終わりますし、設計スケジュールがずれたことは一度もありません。長時間労働は自分もスタッフも疲弊するだけ。それで設計のクオリティが上がるとは私には思えないのです。

スケジュール管理は、多くの仕事を効率的にこなすためにするものではなく、仕事のクオリティを維持するためにするもの。そして仕事のクオリティを維持するためには、自分自身や一緒に働いてくれるスタッフの仕事環境を守ること。それこそが、持続可能な事務所運営の第一歩だと考えます。

# 時間を制する者は、設計を制する

設計の仕事は雑務との戦いだとも言えます。クリエイティブな要素はおよそ1割、それ以外はルーティンな雑務というのが私の実感です。それゆえにルーティンな雑務に時間を取られすぎると、肝心のクリエイティブにたどり着く前に1日が終わってしまいます。

時間の使い方が下手な人は、どうでもよい雑務に何時間も費やしてしまいがちです。たとえば、メールの返信などにそれは表れます。1日に受信するメールは相当な量になりますが、そのうち長文で返信を打たなくてはいけないメールはそう多くはありません。多くは短く「相づち」のような返信を返せばよいもので、たとえば「了解です」ならたった

4文字、返信にかかる時間は30秒程度です。この要領で処理をすれば、5分で10通の返信ができます。

仕事の速度を上げるには「**時計を何度も見る**」ことが重要です。

私が実践している方法をご紹介します。まず、デスクの上に時計を置きます。そしてそこから目先の仕事を10分で処理すると決めるのです。メールであれば「10分以内に受信ボックスのメールにすべて返信する」と決めてから仕事に取りかかります。

この「10分」は、自分が決めたルールで、別に15分でも20分でもかまいません。ただ私の経験上、10分がちょうどいい長さだと思っています。

ファイルの色グラデーションにしときましたー♡
げっ

設定した時間を守れなかったからといって、ペナルティがあるわけではありませんが、一通メールを返すたびに時計を見て「あと3分」と、時間を意識しながら仕事をするだけで、無駄なことはしなくなります。

まるでアスリートのようですが、このことにより、これまで漫然と30分かかっていた仕事は10分で終わり、半日かかっていた仕事は1時間で終えられるようになるはずです。

**ルーティンを早く処理できるということは、ルーティンな雑務を全く犠牲にしないで、クリエイティブな検討により時間が割けるようになるということ。**不思議なことに、個人的には全体の仕事の処理速度が上がると頭の回転も速くなり、ひらめきも多くなるという相乗効果さえあると感じています。

日々仕事をするうえではさまざまな問題も起こります。「10分ルール」はそんな問題処理にも有効です。

## コントロールできないことは考えない

先ほど問題の多くは、10分以内に解決できると書きました。このことについてもう少し掘り下げてみたいと思います。

事務所を運営していると悩みは尽きません。その悩みは大別すると、以下の2つに分類できると思います。

1　コントロールできること

2　コントロールできないこと

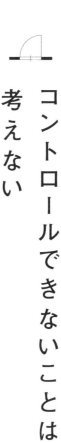

こんなことを書くと身も蓋もありませんが、悩みをこの2つのどちらかに仕分けることができればあとは簡単です。

1は、自分次第でなんとかなることなので、全力で頑張る。
2は、自分以外の他者が決めることなので、考えない。

私たちに与えられた選択肢は、詰まるところこれしかありません。だから**私たちが精力を傾けるのはコントロールできることだけでいい**のです。コントロールできないことにいつまでも悩んでいる必要はありません。そうすれば多くの悩みは10分で解決するはずです。

事務所運営を続けると、なかなか思ったような受注ができないときがあります。だからといって仕事がないといつまで嘆いていても始まりません。自らメディアに売り込んだり、サイトをリニューアルしてみたり、はたまたＹｏｕＴｕｂｅチャンネルを開設してみるなど、やれることは山ほどあるはずです。なぜなら、これらはすべて「コントロールできること」だからです。

とは言え、それを見た人がどう感じるか、本当に仕事を頼んでくれるかはわかりません。これは「コントロールできないこと」です。そこまでやったのだからあとは天に任せよう、まさに「人事を尽くして天命を待つ」という境地ですが、そう思えるかどうかは自分がやり切ったかどうかにかかっているのでしょう。


こんなことがありました。

ある年のこと。受注が大きく落ち込み、サイトリニューアルといった小手先の対応では到底流れを変えられないと私は焦っていました。その状況をサイトのデザイナーに相談したところ、「関本さんはしゃべるのが達者なのだから、トークイベントでも仕掛けたらどう？」とアドバイスをもらいました。

なるほどそれは面白い！と思い、仲の良い建築家に声をかけ、お互いの建て主と共に登壇し、お互いがお互いの建て主に「建築家との家づくりはどうでしたか？」とインタビューし合うという公開イベントを企画しました。

普段聞くことのできない建て主の本音が聞ける試みとなるので、家づくりを検討している一般の方たちが多く参加してくれるものと期待したのですが、フタを開けてみると、一般の方よりも業界の人たちが圧倒的に多く参加していて苦笑いしました。

結局そのイベントでは設計依頼は受注できませんでしたが、内容は大変好評で、それを聞いていた方からある企画のコーディネートを依頼されるなど、それなりの反響を得ることはできました。

また、こうした取り組みを企画したことで、日々悶々としていた気持ちが晴れやかになり、とても前向きな気持ちになれました。

その後ほどなく、イベントとは関係なく再び設計相談が入り始めました。ブログなどで楽しげにその経過などを書いたことが、相談者の心を後押しした可能性もあったかもしれません。


世の中には、自分でやるべきこともしないで、ただ自分は不運だと嘆いたり人の成功を妬んだりする人もいます。が、正直時間の無駄づかいです。自分でコントロールできることで、現状を変えることは十分にできるはず。とにかく行動あるのみ！　今できることに全力投球したいところですね。

# 「あなたしかいない」の気持ちが大切

私たち設計者は建て主の代理人として、工事途中で設計を変更するなど、大きな権限を持っています。現場からはときに「先生」などと呼ばれることもあるでしょう。

でも私たち設計者は、線は引けても自ら道具を持って施工をすることはできません。設計案を実現するためには、工務店の監督や職人の力を借りなければ何もできない無力な存在です。このことに自覚がなく傍若無人にふるまえば、たちどころに現場に嫌われて、二度と施工を請け負ってもらえなくなることは肝に銘ずるべきです。

**私たちと現場とを結ぶものは、「あなたしかいない」という、相手をリスペクトする気**

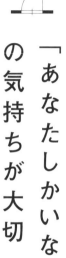

**持ち**です。

建築のプロセスにおいて、設計者は空間構築や施工に必要な情報の整理という役割を担います。たしかに、それができるのは設計者しかいないかもしれません。それならば、私たち設計者はその点において、現場が「一目置く」に値する存在でなければなりません。

そのために必要なことの一つが、Chapter2で述べた「しっかりとした図面を描き切ること」です。

工務店の監督や現場の職人にとって、図面の存在は絶対です。たとえ図面情報に誤りがあったとしても、彼らはその間違った情報のままにつくるほかありません。そして不正確な図面で間違った施工をして、それを直すのも彼らなのです。そんなとき彼らは泥船に乗ってしまった、と不運を嘆くしかありません。

あなたが描いた図面は、工務店の監督や現場の職人が「あなたの設計者としての力量」を判断する基準となっていることをどうか忘れないでください。

もう一つ大切なことは、私たちの現場での一挙手一投足のふるまいです。私たちの現場での行動から、現場は「この設計者は、図面内容と釣り合った人物か」を値踏みしているのです。

たとえば、難しい施工技術を要する図面を描いたとします。もし、それがどのくらい大変なことかを理解しないで「さも当然」という態度で要求したならば、その人の言うことは聞きたくないと感じるのが人情です。

人に物事を依頼する際には、ときにはオーバーなくらいに「これは難しい仕事かもしれませんが、あなたにお願いしたい」と強調する。そうすることで、現場は設計者の認識にズレがないかを確認し、困難に共に立ち向かってくれる人かどうかを判断するのです。

設計者のふるまい以外に、職人が「できない」という場面があります。それは「やったことがない」未経験の施工を前にしたときです。

未経験なことをやると、失敗する可能性が高くなります。誰だって未経験なことを指示されて、結果、失敗してダメ出しされるなら、自分にとっては損しかないと考えるもの。けれど設計は、予定調和な技術だけではなかなかできません。

ここでも大切なのが、「あなたしかいない」という相手をリスペクトする気持ちを表現することです。相手へのリスペクトには「期待」と「共感」が含まれています。私たち設計者がそうであるように、職人には高いプライドがあります。期待されればそれに応えたいと思うものです。

ときには現場側の不手際を指摘しなければいけない場面もあるでしょう。しかし設計者がいかに誠実に仕事に向き合っているかさえ伝われば、現場もその発言やそこに込められた思いを理解してくれます。

私たち設計者と現場は唯一無二のパートナーです。より良い仕事のために、より良い信頼関係を築くことが大切です。

# 「相見積もり」か「特命」か

設計が終わると工務店に見積もりを取りますが、複数社から見積もりを取る方法を「相見積もり」、単独一社から取る方法を「特命」などと言います。

施工会社と資本関係にない設計事務所であればこそ、相見積もりを取ることが施工金額の透明性を高めることになるとよく言われます。私も、そこは理屈上では理解できます。ですが、必ずしもそうではないのでは、とも思っています。実際ここ数年、私たちの事務所では、工務店には「特命」でお願いすることがほとんどです。そしてこれからの時代、この流れはもっと加速していくだろうと予測しています。

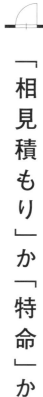

そのように考えるようになった一番大きな理由は、人手不足です。熟練の職人の減少は業界全体の課題で、どの工務店も優秀な職人の引っ張り合いをしています。昔は元請けである工務店のほうが力が強かったのですが、今は必ずしもそうではありません。職人が元請けを選ぶ時代になったのです。

これは設計事務所と工務店との関係性にも言えます。昔は「仕事をください」と頭を下げて営業に来る工務店も多くありましたが、最近はほとんどなくなりました。設計事務所が工務店を探してお願いをする時代になっているのです。

私が工務店を探す際に基準にしていることがあります。それは次の3つです。

1 適正価格
2 高い施工技術
3 万全なアフターフォロー

これらの条件を満たす工務店のことを、私は「三方良し工務店」と呼んでいます。ただし、残念ながらこの条件に見合う工務店はあまり多くありません。実際に私たちの事務所のホームエリアでも数えるほどしかないのです。

そしてこういう工務店は、どの設計事務所も仕事を依頼したいと思うので、必然的に行列のできる工務店になっています。多忙な彼らからしたら、相見積もりで決まるかどうかもわからない仕事よりも、特命で確実に依頼される仕事を優先するのは、火を見るよりも明らかでしょう。

**相見積もりでわかるのは、先の三方良し工務店の3要素のうち「価格」のみです**。高い技術で、アフターフォローもしっかりしているけれど、その分、他社よりも少しだけ価格が高い工務店を、(安さを競わせる目的の)相見積もりで選定するのはとても難しいことです。私自身、過去に安価に着工できた一方で、施工が悪く、結果的にクレームが多くなったケースに悩まされた経験がいくつもあります。そのなかにはすでに潰れてしまった工務店も……。

現場との関係はリスペクトであると書きましたが、工務店選定においても、そんな筋を通すことが求められる時代になっていると感じています。

# コストは相対比較で落とす

「特命にすると高くなるのでは」という心配される方もいるでしょう。

結論から言うと、**特命だからといって不当に高くなることはありません**。もし、高いと感じたらその金額が正当なものかをチェックし、建て主にも理解できるレベルまで客観性・透明性を高めればよいのです。見積もりのチェックは、相見積もりでも特命でも必要なことで、そこでやることは同じ。本質的な違いはありません。

次ページは、私たちの事務所が毎回作成している見積査定書の一部です。見積りが上がってきたら、担当者は見積書の項目すべてに目を通します。私たちは、この作業を見積書の一次圧縮作業と呼んでいます。見積書は原則として［数量］×［単価］の合算で算出されます。単純に言えば、見積査定（コスト調整）とは、この［数量］と［単価］が適正であるかを確認する作業です。

［数量］については簡単です。実際に図面の中の数量を数えたり、面積を計算したりすることで検証できます。これはなかなか骨の折れる作業ですが、このプロセスで大きな数量違いが判明することもあるので、気の抜けない作業です。

次に［単価］。実はこちらが問題です。なぜなら建築資材は定価があってないようなものがほとんど。さらに掛け率というものがあり、工務店が付き合う商社や問屋によって、同じ建材でも微妙に掛け率は異なります。

相見積もりならばこれを同条件の各社と比較して「高い／安い」と判断できますが、特命ではそれができません。代わりに私たちは、これを過去の単価と比較しています。

**A邸 見積査定書**

【査定による減】

| | | | | |
|---|---|---|---|---|
| 基礎工事 | 捨て<br>コンクリート | 数量について<br>26.4㎥→13.5㎥程度ではないでしょうか?<br>(※基礎底のみの打設です)<br>基礎底の長さ:約38m、<br>捨てコン打設幅:350mm | ¥-24,510 | |
| | コンクリート<br>試験費 | | ¥-30,000 | 小計 ¥-54,510 |
| 木工事 | | | | |
| 2F梁・桁 | 米松<br>乾燥特等<br>45×180<br>×3000 | ディメンションランバー2"×8"へ<br>変更した場合 | ¥-96,536 | |
| ガス工事 | 給湯器<br>工事 | 給湯器 ¥391,000／台×掛け率0.3<br>(都内・SH邸)＝¥117,300／台<br>リモコン・配管排気カバー¥44,400／式<br>×掛け率0.8=¥35,520／式<br>その他、経費・工事費はそのまま<br>¥74,400／式<br>以上より、合計¥227,220／式程度に<br>なりませんでしょうか? | ¥-47,780 | |
| 床暖房 | 電気式<br>床暖房 | 値引きを掛け率で換算すると0.55(F邸)<br>(総額¥396,900／式×掛け率0.55=<br>¥218,295／式)<br>掛け率0.345(都内・SH邸)、掛け率0.3<br>(埼玉・K邸)と比較しまして、せめて掛け率<br>0.4程度にできませんでしょうか?<br>(総額¥396,900／式×掛け率0.4=<br>¥158,760／式) | ¥-59,535 | |

| | | | | |
|---|---|---|---|---|
| | | 減額小計 | ¥-2,671,080 | (税別) |
| | | ○月○日付 見積金額 | **¥36,217,093** | (税別) |
| | | | | |
| | | 改め計 | ¥33,546,013 | (税別) |
| | | | **¥36,900,614** | (税込)10% |
| | | | | |

リオタデザインの見積査定書。項目は時に数十項目に及ぶことも。

比較対象は、同じ工務店のおおむね1～2年以内の単価傾向や、他の工務店の同じような規模やグレード感の住宅の当該項目です。相見積もりが2～3社であるのに対して、この手法では比較対象が5～6社となり、手間はかかりますがより多様で客観的な事例をもとに検証ができます。

最初に提示された見積書の総額を見て、私たちはこの一次圧縮作業で調整すべきコスト圧縮幅の見通しを立てます。一概には言えませんが、私たちの事務所では、見積書の**予算超過幅が10％程度の場合は5％程度、20％を超える場合は10％程度のコスト圧縮を目標**にしています。

逆にコスト内でも、数量の間違いや見積もり落ちなどがあることもありますので、やはり全体を検証する作業は必要になります。

この作業を私たちは「見積もりの体脂肪率を落とす」とよく表現しています。見積もりの体脂肪率とは、わかりやすく言えば「つまむことのできる脇腹の脂肪」のようなもの。人間なら、これを落とすためにジョギングをしたり甘いものを控えたりするのと同様に、見積明細に、どのくらいの体脂肪率があるかをこの作業で見極めていきます。

コスト調整とは、私たち専門家による見積書の「健康診断」なのです。

そしてここが重要なポイントなのですが、**一次圧縮の段階では設計変更は一切しません。**コスト超過をすると、すぐに床面積を減らすなど設計仕様を見直すケースがありますが、順序が違います。

まずは見積書の中身を十分に検証するのが先です。この段階で中途半端に設計変更をすると、コストが、設計変更で下がったのか単価の見直しで下がったのかが見えにくくなります。もちろん、建て主に断りもなく設計変更することは御法度であることは言うまでもありません。

# ネゴは理詰めで

先の作業によって作成した見積査定書を材料として、工務店との交渉の席を持ちます。この席のことを「ネゴ」と呼びます。ネゴはnegotiation（交渉）の略称ですが、同時に「値交渉」を短縮した呼び方にもなっていて、このプロセスそのものを象徴しているように思います。

関係業者が多く、利権も複雑に絡まった建築業界では、家電量販店での値引き交渉のようなラフな交渉は成立しません。だから、客観性を持った見積査定書は、重要な資料となるのです。

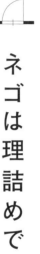

誤解のないように補足しますと、ネゴの目的は、工務店と敵対することでも、工務店の利益率を削ることでもありません。工務店よりもさらに川上にいる商社や問屋、メーカーといった流通や物流そのものにまでメスを入れ、全体の原価率を下げるためのネゴなのです。一般企業では、日常的に行われている企業努力の一環と言えるでしょう。

**「適正価格で着地させる」という目的意識をぶらさない**ためにも、フェアにふるまい、腰は低く高圧的にならないこと。それは先の「リスペクトを忘れない」と同じものです。

建築業界は義理と人情を重んじる風潮があります。しかし、工務店も付き合いのある業者と慣れ合いになってしまえば、途端に競争力を失い、共倒れになってしまう可能性があります。問屋をいくつも経由することで、無駄な経費がかかっていることに気づいていないことも多くあります。

工務店にとっては、私たちの事務所が作成する見積査定書は相当辛口の通信簿だと思います。実際には、工務店もこれまでのしがらみもあって、すべて圧縮することはできず、結局自分の利益率の中から「出精値引き」のような形で帳尻を合わせるというケースも少なくありません。

しかし私は、この出精値引きはなるべくすべきではないと考えています。なぜならそれは「根拠のある値引き」ではないからです。自分たちの利益を過分に吐き出してしまっては、その仕事自体を請ける意味がなくなってしまいます。またこの段階で、下請け業者にもある程度理解してもらい協力関係が築けないと、現場に入ってから無理な帳尻合わせが発生しないとも限りません。

ただし、工務店にとっては、この見直し作業に向き合うことで、普段あまり知ることのない他社の積算傾向を知ることもできますし、競争力にもつながることでしょう。

そういった交渉を経て、約1週間後、工務店から見直した修正見積もりが届きます。修正見積もりでは、こちらの主張が通ることもありますし、ゼロ回答になる項目もありますが、それらはすべて受け入れるようにしています。

もしこの時点でもゴールにほど遠い金額ならば、次はいよいよ設計仕様の見直しです。

# 適正価格は建て主が決める

先のネゴによって一次圧縮された金額は、ある程度の無駄をそぎ落とした、その時点の設計内容に釣り合った金額であるとも言えます。設計事務所側からしたら、内容に偽りのない「適正価格」であるとも言えるでしょう。しかし、それが当初予算と乖離があれば、建て主にとっては適正価格だとは思えないかもしれません。

その場合は、ここで更なる二次圧縮作業が必要になります。いよいよ設計仕様にもメスを入れての見直し作業です。ここでは、超過額に釣り合う設計変更項目を（心を鬼にして）リストアップしていきます（次ページ掲載図）。

リストが完成したらそれを建て主とも共有し、仕様変更すべき項目を共に議論しながらチョイスしていきます。仕様変更すれば安くなることはわかっていても、建て主にとっては、なかなか身を切られるようなつらい作業となります。しかしそのプロセスによって、ようやく最終的な着工金額が決まることになるのです。

ここで考えたいのは、そもそも「適正価格とは何か？」ということです。

よく予算超過と言いますが、予算とはあくまで建て主が最初に腹積もりしていた金額のことです。私たちは依頼に対し予算に見合った設計を求められますが、概算などを途中で取っても、設計専業の設計事務所が完全にコストコントロールすることなど不可能です。**「適正価格」とは、最後に建て主が決めた金額のことであり、決して当初予算のことを指すのではない**というのが私の考えです。私たち設計事務所が行うコストコントロールとは、この最後の妥結ポイントに向けて、全力で作業をすることにほかなりません。

建て主は工務店の見積りを見ても、高いのか安いのかわかりません。だからこそ、設計事務所が第三者の見地からそれを精査し、工務店と交渉することが必要なのです。そうした姿勢は、建て主にとっては最大の安心材料であり、私たちに設計を依頼した意味にもつながるのだと思います。

**A邸 設計変更案**

| NO | 種別 | 項目 | 内容 | 差額 | 備考 |
|---|---|---|---|---|---|
| 1 | 外部 | 外壁の仕上げ | マジックコート →「弾性リシン吹付」へ変更する（セラミソフトリシン　仮:日塗工25-65A）/ エスケー化研） | ¥-184,000 | |
| 2 | 外部 | 駐車場・駐輪場の床仕上げ | コンクリート洗い出し →「刷毛引き仕上げ」へ変更する | ¥-65,000 | |
| 3 | 外部 | アプローチ | 枕木中止 →「コンクリート刷毛引き仕上げ」へ変更する | ¥-105,000 | |
| 4 | 外部 | コンクリート縁石 | 中止とする（造園工事の際に石などを敷いていただく） | ¥-91,000 | |
| 5 | 外部 | 防草シート＋5号砕石敷き | 中止とする（土のままとする） | ¥-48,000 | |
| 36 | ロフト | 構造用鋼管柱 | スギ柱材へ変更する（2Fの鋼管柱はそのまま） | ¥-27,500 | |
| 37 | 塗装工事 | シナベニヤへのOS（プラネットOP シルバー） | 無塗装へ変更する | ¥-164,500 | 木製建具: ¥120,500 造作収納: ¥44,000 |
| 38 | 塗装工事 | キッチン本体（F3） | CP塗装中止（OFはそのまま／後日ご自身で塗るなど） | ¥-21,000 | |
| 39 | 建具工事 | WD2-27、WD3、WD5、WD7 WD6-32、WD9-35 | 吊りレール →「Vレール＋サイレント戸車仕様」へ変更する | ¥-75,000 | |
| 40 | 床下エアコン | 床下AC、床ガラリ、床下換気ファン、階段下給気口、床下AC用断熱材 | すべて中止とする | ¥-270,000 | |
| | | | 設計変更による想定減額 小計 | ¥-2,659,500 | （税別） |

| | | | | | |
|---|---|---|---|---|---|
| | | | ○月○日付 修正見積り金額 | ¥33,469,556 | （税別） |
| | | | 設計変更による想定減額 | ¥-2,659,500 | （税別） |
| | | | 経費減 | ¥-265,950 | 10%（経費率） |
| | | | 改め計 | ¥30,544,106 | （税込）10% |
| | | | 減額後の想定金額 | **¥3,3598,517** | （税込） |

※注：上記金額はリオタデザインの算出による概算であり、正確な金額は○△工務店の修正見積りによる

減額幅が微小のものから大きいものまで、思いつくままにリストアップしていく。

# 事務所経営を安定化させるには？

結論から言うと、安定的な事務所経営の方法を私は知りません。むしろ教えてほしいくらいです。

設計事務所という業態は基本的に受注産業です。建て主から設計の依頼があってはじめて仕事が始まります。ですから仕事はあるときはあるし、ないときはない。こんなにわかりやすい業界はありません。

特に私たちの事務所のように、戸建住宅設計を業務の主軸にしていると、クライアント（建て主）は個人。ますます経営は安定しません……。どうにも困ったものです。

それでも、事務所経営を安定化する方法は、強いて挙げればなくはありません。

たとえば、大手設計事務所や仕事の忙しいほかの設計事務所の仕事を手伝ったり、下請けで図面を描いたりするといったことです。また、設計事務所で家を建てたいという方と設計事務所をマッチングしてくれるお見合い機関もいくつかあり、そういうところに登録しておくと、そこから仕事を斡旋してもらえる可能性もあります。

これらは、特に駆け出しの設計事務所にとっては、当面のピンチを切り抜けたり、経営を安定化させたりするために有効な方法かもしれません。

ただし、これらは個人のポリシーとも大きく関わってきます。つまり独立して仕事をする者にとっては、ただ仕事があればそれでよいというわけではないということです。相手のスタンスを注意深く見極めないと、都合良く使われるだけになってしまったり、自己実現や自己顕示欲が満たされずにストレスを抱えてしまったりすることもあります。

当然ですが、私にも駆け出しの頃があり、当時はできるかぎりハウスメーカーやデベロッパーなどの会合に顔を出しては名刺を配り、自己アピールをしていました。ただ、その結果として得た仕事は自身のポリシーに沿うものばかりではなく、自身がどうして独立したのだろう、と違和感を覚えることがたびたびありました。

過去にはこんなことがありました。

独立したての頃で実績のない私は、仕方なく北欧に留学していたことをアピールポイントにして、各所に顔を出し名刺を配っていました。そんな名刺がとあるハウスメーカーの担当者の目に留まり、そこが仕掛けようとしていたデザイナーズ住宅の専属建築家にならないかとお声がかかったのです。

ようやく営業が実を結んだ！と喜び、その企画に全面的に協力していたのですが、どうやらその企業が欲しかったのは「北欧帰りの建築家」という肩書きだけだったようで、実際には建て主に会わせてもらうこともできず、営業担当者が週末にヒアリングした内容がファクスで送られてきて、2日後に間取りを描いて送るだけという、じつに退屈な仕事だけが待っていました。

思惑が外れてイライラしていた私は、とうとうその担当者と電話越しに言い争いになってしまい、結局その仕事からは下ろしてもらうことになりました。

それ以来、私はどんなに苦しくても自分が納得しない仕事はやるまいと決めて現在に至ります。そんな私ですから、設計事務所の安定経営など書けるはずがないのです……。

それでも、この原稿を執筆している２０２３年１月時点で、私が独立してから20年を超えました。複数のスタッフもいますし、外からは、それなりに忙しそうに見えているかもしれません。

事務所経営の安定化の方法を知らない私がどうして20年間もやれてこれたのか。その秘訣を一言で言えば「**ぶれないこと**」だと思います。それはなぜ自分が安定を捨てて、独立しようと思ったかを問い直す作業にほかなりません。

自分は何のために仕事をするのか。

この目的意識さえ見失わなければ、大概のことは乗り越えられます。不思議なことに、志あるところには志ある人が集まってくるのです。

そこには建て主も含まれます。あなたの意志や信念に共感し、一線で活躍する有名建築家ではなく、あえて無名のあなたに仕事を依頼しようという人がどこからともなく現れるのです。私も何度、仏様のような建て主に救われてきたことか……。

先に例を挙げた仕事も決して悪いことではありません。大事なことは、自分がそれは

**「手段であり目的ではない」**ことを明確に意識できるかどうかです。さもなければ、そのループからは一生出てこられなくなります。

「武士は食わねど高楊枝」という言葉があります。経営が逆境にあるときは本当に不安ですし孤独を感じますが、ただそこで歯を食いしばれる軸があるかどうかが20年後に活きてきます。

事務所運営は「こうなりたい、こうありたい」という初心を忘れず、目先のことだけでなくどうか長いスパンで判断するようにしたいものです。

# それでも足りないお金はどうする？

前項で「ぶれないこと」が大切、「武士は食わねど高楊枝」などと書きましたが、そうした「精神論」だけでは食べていけないと、もしかしたらツッコまれるかもしれません。しかも、これから設計事務所はますます冬の時代。実際に事務所運営でお金が足りなくなったらどうするの？という声もあるでしょう。もっともなことです。

私自身、今でも仕事がなくて青ざめることはあります。そんな私がこれまで数々の苦境を乗り切ってきた方法があります。それは、「**金融機関からお金を借りること**」。

え!?　そんなこと!?と思った方もいるかもしれませんので、少し丁寧に説明しましょう。

設計事務所は物を仕入れて売るような仕事ではないので、いわゆるメーカーや小売店のように不良在庫を抱えることはありません。ただそれでも設計事務所を運営するとなると、日々それなりにお金（固定費）が必要です。

最も大きな固定費は人件費です。スタッフを雇うようになると、毎月飛ぶようにお金が消えていきます。その次に事務所の家賃やリース料、光熱費などでしょうか。

一方で、受注産業ゆえにキャッシュフローは流動的です。収入が多い月もあれば少ない月もあります。生々しい話ですが、私自身、過去には事務所の預金通帳がみるみる減って、残高が6万円になったこともあります（このときはさすがに焦りました……）。

時には事務所の運転資金がショートしそうになることもあるでしょう。そんなときには、私は金融機関から迷わずお金を借ります。もちろん、ほかにも手段はいろいろありますが、前述のとおり、自分が納得した仕事しかしないのであれば選択肢はこれしかありません。

私たちの事務所の場合は、税理士の助言もあり日本政策金融公庫などの公的融資をよく利用しています。一度に大きな借り入れをするのは勇気がいりますが、手続きが煩雑なので、安定経営のためには、少額を何度も借りるよりも一度に少し多めの運転資金を借りておくほうが安心です。私たちの場合は300～500万円単位で借りることが多いです。

仮に500万円ほどを借り入れると、年利2・0%で5年間で返済する場合、ひと月あたり約9万円を返済していくことになります。ただ、借り入れをすることで一時的に口座の残高が膨らんでいますので、返済額に毎月怯えることはありません。

たまに大きな設計料の収入があったときには繰り上げ返済をしたくなりますが、金融機関側としては貸し付けたお金を計画的に返済してもらうほうが、心証が良いようです。この借入期間の5年間で経営を立て直すと考えれば、一時的な受注の落ち込みであっても経験上すぐに健全な経営状態に戻すことができます。

実は私も、最初は借金を背負うことに対して抵抗感がありました。ただ、一般企業で銀行から借り入れをしていない企業はありません。そう考えると、健全な経営にとって一定の借り入れをすることは、ある意味とても合理的なことだと言えます。

**お金がないときには借りて、あるときに返せばよい**のです。

私たちの事務所も5年ほど前に大きな受注の落ち込みを経験しました。このときも500万円ほどを借り入れ、ようやく今年（2023年）完済となります。これでめでたしめでたしと言いたいところなのですが、いつまで経っても自転車操業からは抜けきれません。本当に困ったものです。

# 正直さは営業の王道

多くの設計事務所が苦手と感じるものの一つに、営業があります。

そもそも建築設計は、「営業」という発想から遠く離れた業界だと考えている設計者もいるかもしれません。たしかにかつてはそういう時代もありました。

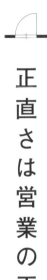

ただし今は、黙って作品をつくっていれば仕事が取れる時代ではありません。自ら積極的に営業活動をする必要があります。

設計事務所の営業とは、ビラ配りをしたり訪問営業したりすることではありません。私は、**事務所主宰者の理念や信条そのものを発信することが、設計事務所にとっての営業**だと思っています。

かつては、雑誌やＷＥＢマガジンなどのメディアに掲載されることが、情報発信における唯一の手段でした。今はそれらのメディアを使わなくても、ＳＮＳや事務所のＨＰ、ブログなどを使うことで、さまざまな情報を発信できるようになりました。

それぞれのメディアの活用方法の詳細については追って説明したいと思いますが、ここではまず、私が「事務所主宰者の理念や信条そのものを発信＝営業」で心がけていることについてお話ししたいと思います。

## ありのままを心がける

世間の人から見て、設計事務所というのはブラックボックスで敷居が高いと思われています。実際にはフレンドリーな対応をする事務所だとしても、建築家は気難しくて怖そうな人たちだと思われがちです。

一方で、デザイン性の高い住宅を目指そうとすれば、ある程度のブランドイメージも大切です。

しかし、この二つは決して矛盾するものではないのです。なぜなら、どちらも正しくその設計者の姿を表しているからです。

どちらにふれるにせよ、私はいつも「ありのまま」を心がけています。

**営業の王道は「嘘をつかないこと」**。これに尽きるのではないでしょうか。

嘘をつかない人は強いです。

たとえば相手のご機嫌を取るためにゴマをするような発言を「営業トーク」と言いますが、たいてい本心から言っているのか、表面的な発言なのかは相手に簡単に見透かされるものです。

私たちの事務所にもメーカーの営業担当者がよく売り込みにきますが、多くは自社製品の良いところしか話しません。

けれどもなかには、自社製品だけど「過去にはこんなトラブルがあったので気をつけたほうがいい」ということを教えてくれる正直な担当者もいます。私は断然、後者の担当者に好感を持ちます。自社の得よりも、相手の立場でものを考えようという姿勢が感じられるからです。

私自身、ときには建て主に、偏った意見や反対意見を言うこともあります。必要ならば、相手にとって都合の悪いことも話します。

ただし、終始ぶれない姿勢を貫けば、多少失礼なことを言ったとしても受け入れてもらえるようになります。何よりこちらが本音で話すと、相手も心をひらいて本音で語ってくれるようになるのです。

こうしたやり取りを経て建て主と心が通じると、途中でほかの設計事務所に乗り換えてしまうなんてことはありません。私が良い人だからではなく、この人とは本音で話ができそうだと思ってくれるからだと思います。

これが私の終始一貫した営業スタイルです。

**設計事務所にとっての営業とは、仕事の質を確実に上げてくれて、自分自身を輝かせてくれる建て主と出会うための手段である**ということをどうか忘れないでください。

## メディアは発表ツールではない

私たちの仕事とメディアは切っても切れない関係にあります。この書籍もそうですし、ひとたび仕事が完成すれば、それを取材してもらい、幅広い方にそれを見てもらうために活用するのもまたメディアだからです。

メディアは大きく紙媒体とウェブ媒体に分かれます。最近ではウェブ媒体に押されて、家づくり系雑誌は少なくなってしまいましたが、私が駆け出しの30代の頃は、メジャーな家づくり雑誌が何誌もありました。それぞれに編集方針や読者層が異なるので、私も住宅ができるたびに、次はどこに出そうかと考えて編集部に資料を送ったものです。

ところで、設計者のなかにはメディアを発表ツールと考えている人が少なからずいます。実際に、メディアに自ら設計した建物を載せてもらうことを「発表する」と表現している人も少なくありません。

ですが、私はこの表現に少し違和感を覚えます。発表する場合の主語はおそらくは「設計者」で、どこに？と考えるとその先は「社会に」となるのでしょうが、顔が見えず、なんとなく一方通行で、設計者目線の作品主義のような言い回しに聞こえてしまうのです。

自分の設計の発表ツールでなければ、メディアとは何なのでしょうか。そして私たちは何のためにメディアに自分の設計した建物を掲載してもらうのでしょうか。

私はメディアとは、**それを目にした人たちとの「共感関係」をつくるための媒体**だと考えています。自己満足と思われてもいいのですが、私にとっては自分の仕事をより多くの方に共感してもらうことが、何よりのモチベーションとなっています。

たとえば家を建てたいと思ったとき、これまでに自分が見たことのある家は自分が生まれ育った家や友人知人の家くらいで、それ以外にどんな家があるのかなど想像もつかないものです。そんなときメディアを通じて、これまで見たこともなかったような空間やそのアイデアに触れたとしたら、その人は驚きとともに「こんな家に住んでみたい！」とワクワクするのではないでしょうか。

そこを入口にして、設計事務所に依頼して家を建てたい！と思ってくれる人が一人でも増えてくれたら何よりもうれしいことです。

メディアの活用は、作品発表の場と狭義で捉えるよりも、それをきっかけとした波及的な影響力を期待したほうが、ずっと建物や設計者の魅力が社会に伝わる気がしています。

今は便利な時代になりました。ＳＮＳを使えば、どこかの媒体に掲載してもらわなくても自分でいくらでも情報発信や営業ができる時代でもあります。次に、そんなＳＮＳ時代のマーケティングとして私が実践している方法を、具体的にお話しします。

# ＳＮＳ時代のマーケティング手法

いまや中高生から大人まで、ＳＮＳは広く市民権を得たメディアの一つです。そして私も、ＳＮＳを営業のための情報発信ツールとして重要視しています。

建築関係者の間でメジャーなのは、ツイッター・フェイスブック・インスタグラムがその御三家ではないでしょうか。

各ＳＮＳに共通の情報を投稿してもいいのですが、本来は開発の目的が異なるものなので、**発信したい情報に合わせて使い分けるのが有効**だと思います。私もそれぞれにアカウントを持っていますが、最も活用しているのはフェイスブックとインスタグラムです。

## フェイスブックは名刺代わり

建築業界のフェイスブック利用率は非常に高いと感じています。業界の会合などがあると、その帰り道には会った人から「友達リクエスト」が届き始めます。フェイスブックを名刺交換代わりに使っている感もあるようです。

また、法改正や建物の見学情報、知人の近況を含めて常に最新情報が流れてくるので、業界の今を知るという意味でも、非常に有益な情報コンテンツにもなっています。

しかしマーケティングという部分では、あまり強くないと思います。

一般の人はフェイスブックをやっている人は極端に少ない印象なので、これで集客をしたり、建て主とつながったりするのは難しいでしょう。私は、フェイスブックは同じ業界の人と情報交換をするツールとして割り切って使っています。

## まずはインスタグラムを活用しよう！

一方のインスタグラムは、一般の人とつながれる有効なコンテンツです。なんといっても写真や動画などビジュアルベースで発信できるので、ビジュアルイメージが何よりも大切な我々設計者とも相性が良い。

実は私は、長らくインスタグラムの使い方がよくわからず、使いこなせていませんでした。具体的には、フェイスブックと同じような使い方で行く先々で撮った風景写真や建築写真などを気まぐれ的に投稿していました。フォロワー数も10年で千人前後。マーケティングツールとして全く機能していませんでした。

そこで、ある時期から少し投稿傾向を変えてみることにしました。意味のない風景写真などはやめて、私たちの事務所が**過去に手がけた住宅の竣工写真を1枚ずつ、同じような投稿傾向で毎日淡々と投稿を続けることにした**のです。

具体的には、事務所のウェブサイトに載せている竣工写真のうち、比較的インパクトがあると思われる写真を選んで短いキャプションを付けます。インスタグラムは読むメディアではないのでキャプションは1～2行とし、そこにハッシュタグ（#）で3～5つ程度の検索で引っかかりやすいキーワードを入れます。

たまに長々とハッシュタグを付けている人がいますが、最近では「発見」から飛んでくるほうが多く、効果はそこまではないような気がします。

これだけならわずか5分もかからずに投稿できます。このような工夫をするだけで、翌年にはフォロワー数はなんと20倍に増えました。これにはびっくりです！ 次ページに、私たちの事務所のインスタグラム活用術をまとめました。参考にしてみてください。

フォロワーが増えたことで、気づきもありました。たとえば、**「いいね！」が多く付く写真は、必ずしもメインのリビングやファサードのカットではなく、それまであまり注目されないだろうと考えていた洗面所や書斎のカット**でした。世間の人たちがどこに関心を示すのか、設計者目線ではわからないことへの良いリサーチにもなっています。

実はこの「毎日淡々と同じような投稿行動を続ける」ことにしたのには理由があります。逆の立場、つまりSNSを見る側の立場になるとわかることです。

たとえばある日、SNSに素敵な写真を見つけて、あなたは「いいね！」を押したとします。次にそのアカウントが過去にどのような写真を上げているのかが気になってチェックすると、その日の写真はたまたまで、それ以外の日は全く違う雰囲気・内容の写真をアップしていたとしたら、あなたはその人のアカウントを「フォロー」するでしょうか？　私ならしません。

**アカウントをフォローする感覚というのは、自分の好みの投稿だけを受け取りたいという感覚に近いのです。**ＳＮＳ投稿すらも、フォロワーとの「信頼関係」でできあがっているのですね。

フォロワーが増えると、その母数が情報の拡散力となって、威力を発揮しはじめます。ホームページのブログなどは、定期的に「読みにくる」人には有効ですが、毎日開き、不特定多数の人に届くＳＮＳの情報拡散力には敵いません。

ＳＮＳは、あくまで息抜きとして利用するだけではもったいない！　営業にはすぐに結びつかないかもしれませんが、ちょっとしたマーケティングツールとしても、とても有益だと思います。

## 1年でフォロワー数が20倍になった！
## リオタ流インスタグラム活用術

開設10年で約1000人ほどのフォロワーだったアカウントが、わずか1年で2万人のフォロワーを超えるまで成長しました。ただそこでやっていることは、今すぐ誰にでもできるようなことばかり。ここではそんな私なりのインスタグラム活用術を紹介します。

01　2021年10月頃までのインスタグラムのプロフィールグリッド。フェイスブックと同様に、日々の出来事を思いつきで散漫に投稿していた。統一感が感じられず内輪ネタも多かったことから、ごく一部のフォロワーにしか支持されていなかった。

02　現在のプロフィールグリッド。日々の投稿傾向をぶらさず、過去の竣工写真を淡々と投稿している。統一感あるビジュアル訴求力が、フォロワー獲得につながってきた。

03 あるバズった投稿のインサイト。リーチの傾向を見ると主にフォロワーが閲覧する「ホーム」からではなく圧倒的に「発見」から飛んできていることがわかる。幅広いリーチのためには、ハッシュタグを数多く付けるよりも、インスタのアルゴリズムによって「発見」に表示されることがいかに重要かわかる。

04 リオタデザインのプロフィールページ。限られた文字数の中で、アカウントや事務所の特徴を端的にわかりやすく表現している。人気アカウントの表現なども参考にするとよい。

05 「オープンハウス」をストーリーズにアップ。こうした速報性のある告知はストーリーズが効果的。フォロワー数が増えると、こうした情報の拡散力に大きな差が出てくる。ストーリーズはフォロワー(ファン)との交流スペース。プロフィールに載せないような日々の出来事をマメに載せると、フォロワーが離れにくくなる。

# ブログは建て主に届けるお手紙

次はブログです。今やＳＮＳ全盛の時代。設計事務所ももはやブログではなく、ＳＮＳのリンクをサイトに張り付けて近況はそちらからとしているところも多いようです。ですがＳＮＳがメールなら、**ブログは「お手紙」のようなもの**です。ＳＮＳの魅力はその拡散力と手軽さ、そして多くの人に情報を届けることができる一方で、情報の重さは案外ライトと言えます。その証拠に、数万人のインスタグラムのフォロワーがいて、毎日「いいね！」がたくさん付いていても、設計依頼につながるのはそのうちのごくわずかだからです。

ところが、サイトに飛んでブログを読み込んでくれる方は、本物のファンになってくれている方が多く、そこからの仕事の依頼数はＳＮＳの比ではありません。なんといっても、自らブックマークのリンクを押して飛んでくるのですから。

ただし、ブログだからといってダラダラと思ったことを書けばよいというものではありません。ブログを書くときは、**特定の誰かを頭に思い浮かべて書くこと**が大切です。

たとえば誰かの悩みを聞く機会があれば、その人に向かってエールを送ってあげたくなります。こういう誰か特定の人に向けて書いた文章は、不思議と当事者以外の方にも響くようです。

読者の中には文章を書くのが苦手な人もいると思います。ブログを書くことにこだわりすぎて、設計行為に支障が出ては元も子もありません。

自分に依頼しようか迷っている建て主が、画面の向こう側にはたくさんいることを思い浮かべながら書くこと。そんな人たちの背中をポンと押すためにはどんな言葉をかけたらいいだろうとイメージすれば、きっと筆も進むのではないでしょうか。

# サイトは見る人の目線で考える

スウェーデンの歴史的名建築、ストックホルム市庁舎を設計した建築家ラグナル・エストベリは、かの傑作をつくりあげたあとは皮肉にも仕事に恵まれず、デスクの上の電話が鳴るのを毎日ずっと待ち続けたそうです。現代ではさすがに電話帳で設計事務所を探す人はいないでしょうから、電話が鳴るのを待ち続けていれば事務所も干上がってしまいます。

いまは事務所のサイトがあることは大前提、それすらなかったとしたら、その人は社会的に存在していないのも同然……という恐ろしい世の中になりました。

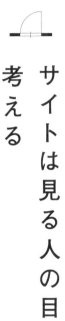

私が独立した20年前、まともなサイトを構えている事務所はそう多くはありませんでした。見よう見まねでサイトを手づくりしたり、味気ないテンプレートサイトを利用したりしている事務所も多かったと思います。

最近ではサイト構築・運営のノウハウが確立してきたのか、洒落た雰囲気とわかりやすさを両立したサイトを持つ事務所が増えてきたようです。しかし、一方で私は、「洒落た雰囲気」や「わかりやすさ」だけが、設計事務所のサイトで考えることではないとも思っています。

では、それ以外に（あるいは、ある意味それ以上に）サイト運営で大切なこととは何でしょうか。以下で、具体的にお話しししたいと思います。

## その事務所らしさを表現する

サイトを立ち上げるにあたって大切なのは、言うまでもなく**「その事務所らしさ」をいかに表現するか**だと思います。ですが、「あなたの事務所らしさとは何ですか？」と訊ねられて、しっかりと答えられる人はどれだけいるでしょうか。実のところ、今でも私は自分の事務所らしさについて正確に答えられる自信がありません。それは「あなたらしさとは？」という質問と同じくらい深く、哲学的な問いでもあるからです。

かつて、自分で手づくりしていたサイトから、プロの手による本格的なサイトにリニューアルをしたいと考えていた時期がありました。

当時はメールや電話などでサイト制作会社からの売り込みも多く、ＳＥＯといったサイトの検索順位を上げるためのノウハウを力説されたり、リーズナブルな料金体系を見せられたりして、心がぐらついたときもありました。そんなときに、人の紹介で出会ったのが、デザイナーの石曽根昭仁さんです。石曽根さんは、ウェブサイトや印刷物のデザインを中心に個人で事務所を立ち上げ活動されていました。

石曽根さんはＳＥＯには一切興味を示さず、私との対話を重ね淡々と「リオタデザインらしさ」を追求してくれました。結果、お願いした要望がちゃんとくみ取られていたばかりでなく、私が設計でこだわっている肌感覚やポイントがしっかりと押さえられたサイトが完成しました。そこまで細かく話していなかったのに、どうしてわかるのだろう？と、とても感動したのを覚えています。

そしてこれは建て主が私たちのプラン提案を受けて感動するのと、全く同じことなのだということに気づきました。

建て主は自分で自分らしい家がどういうものかがわからないから、私たちに依頼しています。サイトの立ち上げも同様。自分の事務所らしさを見つけるには、他者からどう見えているかに頼るほうが、正確にわかると言えます。リニューアルするならあれこれ考えすぎずに、自分と同じ目線で一緒に考えてくれるデザイナーを探すのが近道でしょう。

## 人となりを伝えることが大切

次に、サイトをリニューアルするうえで私なりに考えたことや、更新の際に心がけていることなどをお伝えしたいと思います。

具体的にサイトコンテンツに何を盛り込むかは、扱っている設計案件の種類や事務所のスタンスなどによっても大きく異なります。

私の場合は住宅設計がメインで、相手は個人であることや、作風もそこまでトガったものではないことから、建て主に安心してもらえるよう、なるべく具体的でわかりやすい表記を心がけています。

プロフィール写真は、実は最初はもう少し澄ました顔の写真でした。けれど、あるとき笑顔のものに変えたらこれが思いのほか評判が良く、なかには「写真が笑顔だったから相談に来た」という方までいて、「スマイル」の威力を知ったのでした。

ほかにも自分の趣味のことや好きな食べもの、家族のことなど仕事を離れたパーソナルな情報を添えると、相手はより感情移入しやすくなるようです。

「へえ、スキーもやるんだ。話が合いそう」とか「小さなお子さんがいるんだ。だったら子育ての大変さも理解してくれそう」という具合に。もちろん、こういうことはブログなどにもたまにネタとして書くのもいいかもしれませんね。

経験上、「作品が美しかったから」だけで依頼する方はごく少数です（うちにそこまでの作品力がないだけかもしれませんが……）。それよりも設計者のパーソナルな部分に共感して、それが最後の後押しになって面談に来るケースがほとんどです。プロフィールは事例写真と同じくらいの重みがあると思ったほうがよいかもしれません。

リオタデザインについて

設計業務のご案内
これまでの仕事
進行中の計画
お問い合わせ

モノコト
ブログ

設計ポリシー

デザインとはそこに流れる空気のようなものを受け止め，掬い上げる行為ではないかと思います．人の流れを考え，行為のぼんやりとした輪郭を整える．敷地が持つ空気感やクライアントの言葉の行間を読み，空間のあるべき方向性を五感で受け止めるところから我々の仕事ははじまります．

我々の仕事はいわゆる"間取り"をつくることではありません．また単にシンプルにデザインするということとも異なります．すべてが溶け合い，調和した秩序や道筋をそこにつくりたい．クライアントからはずっと前から住んでいたような感覚を覚えると言われることがありますが，それが我々にとっては最高の褒め言葉なのかもしれません．

プロフィール

建築家・一級建築士
**関本竜太 | Ryota Sekimoto**

好きなこと：水辺でのんびり テレビ 文章を書く
苦手なこと：団体行動 派手なこと 形式的なこと
特技：スキー　弓道

人との付き合いはとにかく狭く深くのタイプです．仕事には神経を張りつめますが，人に対してはおおらかな方だと思います．組織的な仕事よりも，小さな集団でゆるやかにルールを設定しながら進めるような仕事のほうが性に合っているようです．建築は天職だと思います．

houzz　Instagram

-略歴
-フィンランドについて

**staff**

今村文悟 | Bungo Imamura
>>profile

岩田舞子 | Maiko Iwata
>>profile

橋本紗奈 | Sana Hashimoto
>>profile

プロフィールページ「リオタデザインについて」。

## 掲載写真は生活イメージが伝わるものに

サイトに掲載する事例写真にも工夫が必要です。

建て主が写真をどのように見ているか。それは建物そのものだけでなく、「自分がその空間で暮らすとしたら」という自身のイメージの投影です。

つまり建て主は、事例写真で入念なシミュレーションを行っているのです。ならば事例写真には、建て主がなるべく感情移入しやすい工夫が必要です。

たとえば、これまで竣工写真といえば、引渡し前の整然としたきれいな状態で撮ることがほとんどでした。引渡し後は無秩序な状態になるのがその理由のようなのですが、ガランとした空間では、それを見た第三者には生活のイメージが伝わりづらいものです。

私たちの事務所では、引渡し前に竣工写真を撮ることはほとんどありません。**引渡し後半年程度たって、生活が落ち着いた新緑の頃などに撮影する**ようにしています。そうすることで、見た人はより生活イメージをしやすくなります。

そんなに時間が経ってからでも大丈夫なの？と思う読者もいるかもしれませんが、あ

入居前に撮った写真(上)と、入居後に撮った写真(下)。明らかに入居後に撮った写真のほうが活気があり、生活感があって空間が魅力的に映える。ガランとした空間では第三者には生活のイメージが伝わりにくい(「ひなたハウス」2010年)。

らかじめ数カ月後に撮影することを伝えておけば、どの建て主も撮影までは建物を美しい状態にキープしてくれます。ときには、写真映えのする家具や小物などをそろえてくれている建て主もいます。

また、この方法には別のメリットもあります。生活は住み始めが大切です。最初の半年くらいを「きれいに保たなければ」と意識して暮らすことで、その後もその住まい方をキープできるようになるのです。家具なども「とりあえず」では選ばず、一生もののこだわりある家具を選ぶようにもなります。

結果、建て主の暮らしもワンランクアップしますし、写真映えも良くなるといった相乗効果のある方法だと思っています。

ここまで具体的にサイトのつくり方のヒントを紹介してきました。事務所のサイトのあり方を考えることは、自社の強みを探ったり、客観的に自分たちの取り組みを俯瞰したりすることにもつながります。受注が滞っているならば、もう一度自分の事務所がどこを目指そうとしているのか、どういう仕事をやりたいのかなど、足元を見つめ直してみるとよいと思います。

# スタッフを雇うべきか否か

独立してすぐの頃は仕事も少なく、いきなりスタッフを雇える人は少数です。ところが、少しずつ仕事も増えてきて忙しくなってくると、猫の手も借りたくなってきます。スタッフを雇うべきか、雇わざるべきか。良い点・大変な点を整理したいと思います。

## スタッフを雇うことの良い点

良い点は、当然ですが労働力が期待できることです。

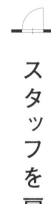

事務所を主宰するようになれば、現場に会合にと外出の機会が増えます。自分が外を飛び回っている間も事務所で図面を描いてくれて、現場からの質疑などにも対応してくれるスタッフの存在は、本当にありがたいものです。

しかし、ただ「労働力を期待するだけ」ならアルバイトや外注事務所といった方法もあります。私にとってのスタッフを雇う良い点は、自分の設計や仕事に興味や共感を持ち、一緒に働きたいと思ってくれる人たちと活動をともにできる喜びだと思っています。個人×個人の掛け合わせ、つまりは、**協働で得られる新しい価値への期待**とも言えます。

たとえば、トラブルに巻き込まれたときや、設計で考えがまとまらないときなどは、私はよくスタッフに相談します。そうすることで気持ちを落ち着かせたり、考えが整理されたりして合理的な解決策に結びつくことも多くあります。

また彼らの描いた図面を第三者の視点でチェックすると、自分でも気づかなかった問題点に気づいたり、客観的な視点で設計の可否を判断できたりするので、仕事のクオリティを上げる意味でも大いに助けられています。

さらに、過去に在籍したＯＢスタッフたちの活躍や近況を聞けば、彼らにとって模範となるような仕事をしなくてはという思いにもなりますし、独立したスタッフが事務所のオーバーフローした仕事を手伝ってくれることもあります。

これらはすべて仕事のモチベーションを上げてくれるものであり、スタッフを雇う大きなメリットだと感じています。

## スタッフを雇うことの大変な点

もちろん大変なこともあります。

一番はお金の問題。スタッフを雇うと毎月お金が飛ぶように消えていきます。

先に書いたように、設計事務所は仕事があるときにはあって、ないときにはありません。スタッフを雇うということは、固定給を払い続けるということで、仕事を途切れることなく取り続けなくてはいけないということも同時に意味します。

また、スタッフの人生もセットで背負うようなものでもあり、その責任も考えなくてはなりません。マイペースに自己実現のための仕事をしたい人や、自分一人が生きていくのでやっとという人には、スタッフを雇うことはハードルが高く、向いていないかもしれません。

もう一つ大変な点は人間関係です。

私の周りにいる一人で事務所を切り盛りする設計者の話を聞くと、人件費よりもこちらのほうが大変だからという人も少なくありません。

スタッフは貴重な労働力でありつつも、決して自分のコピー人間ではありません。自分の思ったとおりには動いてくれないことはもちろんのこと、設計に必要な「感覚」という極めて抽象的なものを共有しなくてはいけないハードルもあります。

自分の意にそぐわない仕事に対しては、はっきりとダメ出しができるかどうかも個人の性格が影響します。人によっては、そのことが何よりもストレスになることもありますし、「それなら自分でやったほうが早い」となることもあるでしょう。こういう人もまた、スタッフを雇うのに向いていないと言えるかもしれません。


実は私は、過去に雇ったスタッフを経営難から辞めてもらったという苦い経験があります。先に書いたように、スタッフを雇うということはその人の人生まで含めて背負うことになりますので、突然解雇を言い渡されればその人にとってはトラウマにもなるでしょうが、厳しい経営の舵取りを考えるとそう判断せざるを得ませんでした。

ですが、難局さえ乗り切れれば、再びスタッフを雇い入れることになります。なんともまあ、懲りないといえばそれまでなのですが、私の体質上、一緒に仕事の喜びや大変さを分かちあえるスタッフの存在は、それほどまでに大きいことだと思っています。

ただ、スタッフを持たなくても活躍している人たちを見ると、スタッフのいるかいないかは、必ずしも仕事の質には関係がないということも一方では真実です。

大事なのは**自分の性格や事務所の目指すビジョンを見据え、持続可能な無理のない選択肢を選ぶということ**ではないでしょうか。

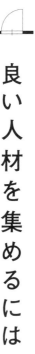

# 良い人材を集めるには

私が学生だった頃は、設計職は花形の職業でした。

ところがその後、大学で非常勤講師を務めた頃によく常勤の先生から聞かされたのは、最近では設計職は不人気で、計画系に進む学生が少なくなっているということでした。アトリエ設計事務所に就職を希望する学生は、私が学生時代だった当時ですら少なかったので、今では絶滅危惧種になりつつあるのではとすら思います。

そんな状況でも、私の事務所には独立直後から途切れることなく入所希望者がいて現在に至っています。本当にありがたいことです。そして、事務所を辞めたスタッフたちの多くはそのまま独立し、活躍もしています。

なぜ優秀なスタッフを途切れることなく採用できているのか、とよく質問されるのですが、こればかりは「こうすればよい」と断言できることはありません。ですが、次に私の事務所でのスタッフ採用の流れについてお話ししたいと思います。

## 募集のタイミングは入所時期の半年～1年前

大手設計事務所と違い、良い人がいるからと言って、次々とスタッフを雇えるわけではありません。基本的には今いるスタッフが退職するタイミングで、直近の設計の受注見込みなどを考慮して次のスタッフ募集をするかどうかを判断します。

一般企業では、退社する社員は数カ月前に会社に退職届を出すのでしょうが、一度担当につくと現場も含めて1年単位となる設計事務所の場合は、数カ月後にいきなり辞めると言われても困ってしまいます。

私たちの事務所では、プロジェクト単位で、そのプロジェクトを引き渡すまでは責任を持って現場監理までやってもらうことを原則としています。

そうするとスタッフは、遅くとも辞める1年前には申告しておかなくてはなりません。なので募集をするか検討するのはこの1年の間です。このくらいの時間があれば、こちらも心の準備ができますし、次のスタッフ募集もバタバタすることなく、こちらの都合のよいタイミングを計ることができます。

一方、辞めるスタッフにとっても、よほどのことがない限り、辞めるまでにある程度長く時間があることはメリットがあります。たとえばそのまま独立するスタッフであれば、その期間を独立の準備期間に充てることもできますし、転職を考えている者であれば、その期間に次の職場を探すことも可能です。

実際に募集をかけるタイミングは、入所してもらいたい時期から逆算して遅くとも半年〜1年前くらいを心がけています。募集をかけてすぐに反応があることもあれば、全く反応のない時期もあるので実際に採用が決まる時期は読めませんが、周知期間も含めて募集は早ければ早いほど良いと思っています。

今すぐに来てほしいと言われて、そんなに都合良く入社できる人は多くはありません。引き継ぎも考えれば、半年〜1年の猶予が欲しいところでしょう。

新卒の場合、アトリエ設計事務所への就職を考えている学生なら、大学4年生になってから、あるいは卒業してから就活を始めるというケースも多いようです。結果として、この採用の半年~1年前からという募集期間は、新卒で入社を考えている人にも一定のハードルを下げられる期間だと思います。

とはいえ、これは事務所の主宰者にとってはリスクがあります。なぜなら冬の時代を迎えている建設業界で、半年~1年先の仕事がどうなっているかは読みづらいからです。

過去には、学生時代うちでオープンデスクに参加した学生が、卒業と同時に就職を希望してくれたことがありました。その時そこまで忙しくなかったので若干の不安もよぎりましたが、相手も事務所の空気感を理解したうえでの入所希望ですし、私もその学生の性格や実力などを把握できていますから、入所までに1年あってもお互いにとって理想的な雇用関係になりました。一番大事なのは、人との出会いです。

## スタッフ募集はブログで

求人募集はどこに出すのか。私の場合はブログです。私たちの事務所に興味を持っている人であれば、少なからず事務所のブログなどはこまめにチェックしていると思うからです。逆に、この情報にアクセスできるかというところから選考は始まっているとも言えるかもしれません。

なおブログの内容は、フェイスブックといったSNSなどでもシェアしています。これは入所希望者の目に触れるかどうかよりも、知人経由での口コミの拡散などを期待したものです。過去にはこうした口コミから人の紹介で面接に来た人もいました。

## 募集要項にはセキララに伝える

募集要項には何を書くのか。書くべきことは一つだけです。「どういう人に来てもらいたいか」。これに尽きます。

一般的には、募集要項には報酬額や福利厚生、またスキルについての記載があり「仔細面談による」ということになるでしょう。しかし、建て主と同様、その事務所に入所を希望する人は、採用する側が思っている以上に緊張しています。文章にはかしこまった内容ばかりでは逆効果です。多少のユーモアも交えて、相手の心のバリアを外してもらいたいとも思っています。

次のページは、実際に私のブログに掲載した募集要項の文面です。

ずいぶん前のものですが、あらためて読み返してみると我ながらなかなかの名コピーです。ここにも書いたように、私がスタッフに求めるものは以下の2つに集約されます。

○リオタデザインの住宅が好きな人
○明るい人

特に後者の「明るい」というのは、私にとっては一緒に仕事をするパートナーとしてマストの条件です。これは前向きなポジティブさとも言えるので、仮に入所時にスキルがなくても、働くモチベーションを保てる人とも言えます。

ちなみに実際に先の募集要項を見て応募があったのですが、私の要項にフリを感じたのか、なかなかユーモアあふれる文面の入所希望が届きました。私はニヤッとして心の中で「一次選考通過」としたのでした。

## 【スタッフを“ゆるく”募集します】2019.10.22

年明け以降にスタッフに欠員が出ることになりました。後任をどうするか、しばらく採らずにこのままいくか、あるいは新しく入れて育てるか悩むところですが、もし適任の方がいればということでゆるく募集しようかと思います。ゆるキャラを募集するわけではありませんので誤解なきよう。でも、ゆるキャラでも採用される可能性はあります。
以下をお読みになって、我こそはと思う方はご応募下さい。

■募集対象
新卒：2020年3月に建築系大学または専門学校を卒業見込みの方、もしくは2019年に卒業した方
中途採用：建築（住宅）設計実務の経験がある方

うちは設計事務所の中でも、バリバリ図面を描く事務所です。図面が描けない、描いたことがないという方は難しいと思います（たまにこういう方もご応募頂くので）。新卒の人はある程度仕方がないのですが、それでも建築系の教育を受けている方というのは採用の前提になるかもしれません。

■採用時期
今すぐではありません。採用は早くて2020年2月中旬以降とお考え下さい。逆に現在の職場からの転職をお考えの方は、円満退社を考えるとそのくらいの時期にはなってしまうと思います。新卒の場合は、2020年4月入社ということになります。

■雇用条件（正社員）
給与：社内規定によります（手当・交通費支給あり）＋賞与（年2回）／お給料の目安として、なんとか一人暮らしができるくらいと思ってください。現スタッフも含め一人暮らしをしている者もいま す。贅沢はできないかもしれませんが、実力に応じて昇給があります。あとはあなた次第です。

保険等：健康保険、厚生年金保険、雇用保険、労災保険 / この辺は意外とちゃんとしてます。

就業時間：9:30 〜 18:30 ／定時に帰スタッフはあまりいませんが、デキるスタッフほど早く帰ります。だいたい20時〜21時くらいの間でみんな帰り、私だけが残ります（ちょっとは付き合って！）。

ちなみに徹夜はしません。する人もいません。でもやりたかったらご自由にどうぞ。
休日：土日祝・年末年始・夏季休暇ほか / ただし、住宅設計は土日に建て主との打合せが多く入ります。担当案件の際は当該日は出勤になります。ただし休日出勤手当が付くので、薄給のスタッフは休日出勤で荒稼ぎすることもあります。彼女に「仕事と私どっちを取るの?」と聞かれたら、迷わず「仕事」と答えてください。

その他：最長3ヶ月を試用期間（有給）とします

【ぶっちゃけ、こういう人がほしい】
はい、前述のことは一旦忘れてください。まずは「リオタデザインの住宅が好き」、その上で「リオタデザインで働きたい！」という熱い思いのある方、これが大前提です。

次に、「明るい人」。
つまらないジョークなんて言わなくていいです。人と話すのが好きな人、一緒にいて楽しくなる人がいいですね。設計とはひとえに人とのコミュニケーションです。私や他のスタッフ、現場の人たちや建て主さんと日々コミュニケーションが取れる人。それを楽しいと思える人。自己アピールができる人。

これができる人は設計が上手くなります。
なにより、事務所に欠かせない人材になります。

私は住宅設計は一種の「サービス業」だと思っています。我々は建て主さんに喜んで頂くために仕事をしています。そのためなら労を惜しみません。我々が細かい図面をいっぱい描くのはそのためなんです。

そんな意識を共有してくれる人を求めています。リオタデザインのスタッフはみんなそんな人たちばかりです。そんな人と私は一緒に仕事がしたいと思っています。

◇連絡はメールでお願いします。関本竜太（riota @ riotadesign.com）まで

## ファーストインプレッションを大切に

採用面接の回数は特に決めていませんが、過去には1～2回程度で決めることが多いです。「面接で何を見ているの？」とよく聞かれますが、1～2時間の面接で、その人の何がわかるかと言われたら何もわからないというのが正直なところです。ただ建て主との初回面談と同じで、最初の印象がすべてだと思っています。

では、その印象とは？ いい人っぽい？ 違います。誠実？ それもあるかもしれませんが、決め手ではありません。答えは、**コミュニケーションがとれそうか**です。

面接で何を聞くか、どう答えたか、などは重要ではありません。こちらが投げた球をちゃんと誠実に返してくれるかどうか、要はコミュニケーション能力があるかどうかが大切なのです。もう少し欲を言えば、こちらが投げた球に少しだけ変化を付けて、自分なりの言葉で返球してもらえると、この人は面白そうだとなります。

そして、私との面接（というより「雑談」）を終えたら、スタッフも連れて一緒に食事に行くようにしています。そこで乾杯をして、しばらくしたら私だけ先に帰ります。ここからがある意味、二次面接です。

ある意味と言ったのは、決してスタッフが採用の可否を決めるわけではないから。もしその人が入所したら、彼／彼女は私以外のスタッフたちとも上手くやっていかなくてはなりません。要は、二段階のマッチングが必要だと考えてのことです。

その席では、応募者にはスタッフたちに根掘り葉掘り質問をしてもらいたいですし、スタッフたちにも包み隠さず私の悪口も含めて話してほしいとお願いしています。面接では、互いに良い顔しか見せようとしません。これから一緒に働くとしたら、スタッフ目線の不都合な真実（?）も含めて耳に入れておいてもらいたいとも思っています。そして翌朝に、私はスタッフたちに応募者の印象について逆質問をするのです。

これが私流の二段階選抜の採用方法です。私の中の基準を満たしていて、スタッフたちも認める人であれば、私はその人を迷わず採用します。

一定のスキルや実力は大前提ですが、要は一緒に働きたいと思えるかどうか、その人格を見ることに尽きるのではないかと思います。

# スタッフへの待遇

ただでさえ不安定だと思われている建築業界。積極的に設計事務所で働きたいと思ってもらうためには、自分の事務所に対して、「成長できそう」「楽しそう」と思ってもらうことに加えて、「安心感がある」と感じてもらうこともまた重要な要素です。

法人格を持つ事務所として、安心感を持って働いてもらうためには、やはり次の質問に答える必要があると思います。

すなわち、「報酬はどのくらい？」、そして「勤務時間はどのくらい？」です。

考え方は事務所ごとに千差万別ですが、参考までに私たちのケースをお話しします。

## 続けたいと思える報酬を払う

遡ること20年前、独立したての頃についうっかり（?）雇ってしまった初代スタッフのお給料はなんと「ゼロ円」。本当に払えるお金がなかったのです。その後の待遇改善はありましたが、今の時代なら（いや当時の感覚でも）十分訴えられる話。そんなことをよくやっていたものだと、自分でも呆れます。今のスタッフには、贅沢ではなくとも一人暮らしができる程度には払っていますが、他の業界と比べるとかなり安月給だと思います。それでも献身的な仕事をしてくれるスタッフに、この点では頭が上がりません。

私たちの事務所では、年間の設計案件は6件程度。この規模の事務所では少ないほうではありませんが、これまでたびたび書いているように、仕事はあるときはあるけどないときはないので、良いときに調子に乗ってベースを上げることはなかなかできません。

その代わり、事務所経営が良いときは、賞与（ボーナス）で応えるようにしています。賞与は上げる直前に金額を決められるので、その年に潤っていたら、その配分としてスタッフには多めの賞与を出すことが可能です。そうではないときでも、なるべく最低1カ月分くらいは出したいとは思っています。

　なお私たちの事務所では、現金の入った給料袋を直接手渡ししています。昔ながらのやり方ですが、薄給といえども一カ月分の労働の重みを感じてほしいからです。

　もっとも今どきは電子マネーの時代。普段からあまり現金を持ち歩かないスタッフは、給料日にカバンを抱えるようにして帰るそうです。

　また住宅設計の宿命として、打ち合わせは土日に集中しがちです。そのため休日出勤の場合には休日手当てを、一人暮らしをしているスタッフにはささやかながら住宅手当を補助しています。決して十分に払えているとは言えませんが、事務所を経営す

るうえで、スタッフの生活とモチベーションを維持できるようにすることが大切ではないかと考えています。

## 持続可能な勤務時間について

次は勤務時間についてです。

私たちの事務所では、土日祝は休みで週5日勤務が原則です。勤務時間は9時30分〜18時30分まで。18時30分ぴったりに帰るスタッフはいませんが、あまり忙しくない時期なら20〜21時ごろにはおおむね退社しています。忙しくても徹夜は絶対にしません。

また、土日祝は建て主との打ち合せのみで、それ以外で出勤して図面を描くことは原則ありません。「土日も出勤して夜も徹夜続き」という設計事務所の勤務実態についての都市伝説がありますが、それはある意味プロジェクトマネジメントが上手くいっていないか、指揮系統が混乱しているかのいずれかです。マネジメントさえ上手くいけば、徹夜や休日出勤をしなくとも締め切り日の前にキチンと仕事を終えられるはずです。

# 「人を育てたい」とは考えていない

私たちの事務所で働いていたOBスタッフはすでに10名を超えていて、そのうち7名ほどが退所後にすぐに独立して、自身の事務所を構えています。

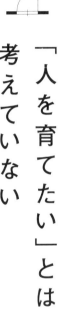

設計事務所を構える人は、たいてい何カ所か他の事務所に行ってから独立します。これほどの割合でスタッフが退所後にそのまま独立するのは珍しいことのようで、周りからも「どのような育て方をしているのか？」とよく聞かれます。

実際には私は「スタッフを育てる」という意識は持っていません。あるのは「早く一人前になって、自分と同じ目線で仕事に向き合えるようになってほしい（そして自分を楽にしてほしい！）」という思いだけです。しかし残念ながら、私と同じ目線で設計ができるようになった頃には独立してしまうので、私は一向に楽にはならないのですが……。

先にも書きましたが、私はその人が設計者として優秀だから採用するわけではありません。採用基準はあくまで「人格」です。

採用した人のなかには、すばらしい実績を持って入社した人もいますが、一緒に仕事を始めると前の事務所との仕事の進め方の違いに戸惑うことも少なくないようです。設計事務所は学校ではないので、いちいち何かをレクチャーする場は設けていません。その代わりにしていることと言えば、**とにかく「丁寧に言葉で伝えること」**です。

設計という仕事は、感覚で決まる部分も持ち合わせています。**正解はあってないような仕事**なのです。ですから自分の抽象的とも思える設計感覚を、なるべく言葉にして共有することが大切だと思っています。

どうしてそういう判断になるのか、そうしないとどういうことが起こるのかは、経験を積んだ私にしかわからないことも多くあります。そうしたことを「そういうものだ」と煙に巻くのではなく、スタッフに伝わるように丁寧に言語化することを心がけています。

スタッフが描いた図面をチェックするときは、目の前に座ってもらって一つひとつの線の意味や設計判断などについて問いかけ、議論をします。いわば図面を通した対話です。悶々と頭の中で考えたことを言語化させることで、設計の問題点が明確になることもあります。その思考のプロセスを共有し、そこにバグがあるならどう修正すべきかを検討する。こうしたことを意識し日々実践していることが、もしかしたら結果的にスタッフが育つことにつながっているのかもしれません。

もう一つ大切にしていることは、「嘘をつかない」こと。

思春期の親子ではありませんが、スタッフも人です。相手の言っていることに矛盾があったり嘘があったりすると、尊敬は一転して軽蔑へと変わります。人は軽蔑する人から、は何も学べなくなってしまうものです。

「言語化する」「対話する」、そして「嘘はつかない」。思えばこれらはすべて、私に建築の仕事を教えてくれた前職の恩師から学んだことです。

前職を離れて24年経った今でも、私は恩師のふるまいを思い出すことがあります。そのときは理解できなかったことも、同じ立場に置かれると深い共感とともに理解することもあります。なんと時間のかかることでしょうか。

# これからの時代をどう生き抜くか

ここまで私自身の経験をもとに、独立からスケジュール管理、現場コミュニケーション、コスト管理、事務所経営、営業、そしてスタッフ管理まで、個人事務所を運営するうえで知っておいたほうがいいと思うことについてお話ししてきました。本Chapterの最後に、少し未来の話をしてみたいと思います。

これから設計事務所は「冬の時代」になっていくというのが、私の未来予想図です。そう考える要因はいくつかあります。

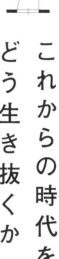

たとえば、住まいが「性能」の時代になってきていること、またコロナ禍による世界情勢の不安定化で物価が高騰していること、職人不足などもその要因として挙げられます。これらは、別々の要素のように見えて、実はすべてつながっています。

住まいの性能（耐震・断熱）を上げることは時代の要請であり、私たち設計者もプロとしてそれらに応えていかなければなりません。それには相応のコストアップを覚悟する必要もあります。

それに追い打ちをかける物価高騰で、ベースとなる建築コストは大きく引き上げられました。設計事務所が真面目に高性能住宅に取り組めば取り組むほど、一般の建て主が想定する建築コストを大きく上回ってしまうという問題が起こり始めています。

設計と施工を連携させることのできる工務店やハウスメーカーは、その点コストコントロールもしやすく、性能とコスト感の釣り合った住宅を提供できているようにも思います。

では、個人が主宰する設計事務所はどうでしょうか。

私は、こうした設計事務所の生き残る道は、やはり性能を担保したうえで工務店やハウスメーカーにはできないような個性的な住宅をつくり続けることだと思っています。しかし手間のかかる（割に合わない）仕事を引き受けてくれる職人の数が減り続けているのもまた事実です。私たちが活躍できるフィールドは、これからますます狭まっていくというのが道理となります。

そんな「冬の時代」を生き抜くためにはどうすればよいのでしょうか。

私が考えるキーワードの一つが「**協働（チームをつくる）**」です。

建築を建てるのに、設計者一人で図面を引いたところでそれは絵に描いた餅のようなものです。それを実現するためには、多くの専門家の知恵や職人の労働力が必要です。そのためにも設計事務所は信頼のおける工務店とタッグを組み、お互いの能力を結集して建築をつくり上げる必要があります。

タッグを組む相手には、息の合った、ある程度固定的なメンバーにしたほうが効率は上がりますし、ミスも少なくなり、よりクオリティの高い仕事を成し遂げることができます。工務店、職人も毎回指名されれば意気に感じて、難しい仕事でも高いモチベーションで仕事をしてくれることでしょう。

ただそうしたチームをつくることは、決して簡単なことではありません。先ほど、私たちの事務所では工務店は特命発注がほとんどだと書きましたが、常時信頼を置いて施工を依頼できる工務店は片手で数えられるほどしかありません。職人も、工務店を通じて現場に入ってもらうだけではなく、一部の職種の職人や業者はこちらから指名することもあります。構造設計者や造園家、写真家なども同様です。

工務店やハウスメーカーも生き残りに必死です。かつてのように、デザインでは設計事務所に敵わないという時代は終わりました。全国レベルで工務店のデザイン力は非常に高くなっていますし、ハウスメーカーもデザインにとても力を注いでいます。

「個の力」を磨き、チームをつくって「設計者×施工者」の個性を、そしてそこに「建て主」の個性をも掛け合わせながら設計を進めることで、組織には真似のできない唯一無二の仕事となります。それこそが「建築の力」となるのではないでしょうか。

Chapter 4

# 心が折れる前にやってみること

## 前向きに設計が続けられる7つのヒント

仕事をしていると、
辛い時、苦しい時が必ずあります。
それをどう乗り越えていくのか。
先輩建築士として伝えられる大切なこと。

# 「何のために仕事をするのか」を考えてみる

どんなにその仕事のことが好きでも、「きついな」と感じるときは誰にでもあると思います。もちろん、私にもそう感じるときがあります。そんなとき、私は次のことを自分に問うようにしています。

「自分は何のために仕事をしているのか」

答えは人それぞれだと思います。「たくさんのお金を稼ぎたい」という人もいれば、「自己実現のため」と答える人もいるでしょう。

たしかに建築設計の仕事は夢のある仕事です。

たくさん儲けるのは難しいかもしれませんが、自分が設計した建築がメディアに紹介されたり、何かの賞を受賞したりすればうれしく、誇らしい気持ちにもなります。自己実現の場としては申し分ない仕事だと思います。

けれど、良いことばかりではありません。憧れの設計の仕事につき、さらに夢を叶えて念願の独立を果たしたとしても、現実は自分の思い通りにならないことばかりです。なかなか仕事に恵まれず、経済的に余裕がなく、いつもそのことに頭を悩ませている。お金のためと割り切って受けた仕事も、心の底から納得できるものではない。いつしか初心を忘れ、心のスイッチをオフにしてやるような仕事ばかりに……。こうした生活に、自己実現どころか、あなたの自尊心は深く傷つけられているかもしれません。

もしあなたが、そんな状態に悩んでいるとしたら、どうか「自分は何のために設計という仕事をしているのか」を問いかけてみてください。

私の場合、それは「**誰かの役に立つため**」です。もしかしたら、これほどシンプルな答えはないかもしれません。

設計の仕事を約30年続けてきて言えるのは、この答えに、何度も何度も奮い立たされてきたということです。困っている誰かがいたら相談に乗り、それを設計という手段で解決し、最後に依頼主から感謝されたとき、私は自分の仕事を果たせたと感じます。相手からいただく報酬は、そのことへの謝礼だと思っています。

長く仕事を続けていくためには、自分の中で「自分は何のために仕事をしているのか」という問いへの答えを持っておくことが重要です。

目の前の仕事を請けるべきか迷ったとき、あるいは目の前の困難から逃げ出したくなったときに、その答えがきっとあなたを助けてくれるはずです。逆にこれが定まっていないと、ひとたび困難に巻き込まれると心の中で負の連鎖が始まり、簡単に放り出したくなってしまいます。

「お金が欲しい！」でも、「有名になりたい！」でもかまいません。むしろ仕事へのモチベーションはシンプルであればあるほど活力が湧き、長続きするものです。

もし今あなたが仕事に行き詰まっていて、まだその答えが見つかっていなかったのならチャンスです。じっくり時間をかけて、自分が仕事をする理由について納得いく答えを探してみてください。そのとき見つけた答えは、その後、あなたが設計の仕事を続けていくうえで、大きな財産となることでしょう。

# 「自分らしさ」は自分でつくれない

## 自分らしさはどう身につけるか

私もかつて独立したときは、前職の事務所で学んだことやそのデザインアイコンからしばらく抜け出せずに悩んでいた時期がありました。自分が修業した事務所でそのノウハウのすべてを学ぶわけですから、それも無理はありません。

独立した元スタッフたちも同じように悩んでいると聞くこともあります。

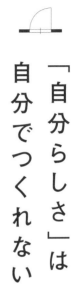

設計の仕事は個性が強く求められる仕事です。また、「自分らしく」ともよく言われる仕事でもあります。では、私たちはどうやって「自分らしさ（作風）」を獲得していけばよいのでしょうか。

私の場合は、自分の「**好きを上書きする**」という方法を積み重ねてきました。

たとえばプランニングやアイデアに行き詰まったら、好きな建築家の作品や建築専門誌などを眺めながら、ヒントになりそうなアイデアやイメージを探すという具合に。パッと目についた事例やランダムにめくったページの中に、気になる素材の組み合わせやユニークな空間イメージを見つけると、貪欲に自分の設計に取り入れていったのを覚えています。

また、ほかの建築家のオープンハウスなどに出かけては、家具の引き手や安価で見映えの良い仕上げ材といったネタをよく探していました。要はパクりですよね。当時は自分が直感的にイイな！と思ったものを片っ端からパクりまくっていました。

とはいえ、何でもかんでもパクるのではありません。自分がそれを「本当に好き」かどうか。そうやって自分の「好き」を集めまくった結果、それが次第に自分の感性を体現するものに置き換わっていきました。まさにセレクトショップのオーナーになるような感覚かもしれませんね。

最初は人のマネでも、それを使い続けるうち、自らの手法と馴染んで独自の進化を遂げていきます。それが私にとっての「自分らしさ」を身につける術の一つだと思っています。

## 変わらないことも自分らしさ

「自分らしさ」を確立した瞬間から、あなたの設計には一定のパブリックイメージがつきまとい始めます。安藤忠雄さんなら「コンクリート打放し」という具合に。そこからがセカンドステージの始まりです。

あなたの元には、自身がつくり上げたパブリックイメージをトレースした建て主たちが依頼に訪れるようになります。これはある意味、設計者にとっては最も幸せで、充実した仕事ができる時期とも言えます。

ここでめでたしめでたしとこの話を締めくくっても良いのですが、その先に大きな落とし穴があるのです。

自分で自分の仕事に飽きてくる、いわゆるマンネリの問題。ここからがサードステージです。これはベテラン設計者にとってはなかなか厄介なものなのです。

ある程度、自分の作風でつくり続けていると、いつもと変わり映えのしないことに気づき、新しい作風を模索したいと思い始めるのですが、周囲はそれを許しません。あなたのパブリックイメージそのままに、あなたにはずっと変わらない仕事をすることを望むのです。

そのとき、あなたならどうしますか？

私は、悩んだ末に変わらないことを選びました。もしかしたらマンネリと言われるかもしれませんが、**パブリックイメージを裏切らず、人の期待に応え続けるのもプロの仕事**だ

と思うからです。

たとえばサザンオールスターズはデビュー当時から今に至るまで、一貫して「サザンらしさ」を貫いていますよね。新譜も絶対に期待（＝パブリックイメージ）を裏切らない。つくづくプロだなと思います。

余談ですが、私はいつの頃からか周りから「水玉シャツの関本さん」というイメージを持たれるようになりました。

最初は特に水玉シャツにこだわっていたわけではなかったのですが、着ている頻度が高かったせいか、着ていないと「今日は水玉じゃないんですか？」と言われるようになり、仕方なく人前に出るときは必ず水玉シャツを着るようになりました。これも人から見た自分へのイメージを裏切らないということかもしれませんね。

# その決断を「後悔しない」ために

学生からよく進路の相談を受けます。

彼らの悩みの多くは、学部を卒業したら大学院に行くべきか就職すべきか、あるいは大学を出たら大手の組織設計事務所に行くべきか、アトリエ設計事務所に行くべきか、ということだったりします。

社会に出ても悩みは尽きません。今いる会社で勤め上げるべきか転職すべきか、あるいは独立すべきか……。本書を手に取ってくださった読者のなかにも、もしかしたら、そんな人生の岐路に立っている方がいるかもしれません。

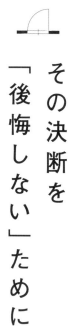

大きな決断を迫られることは恐ろしいことです。未来のことは誰にもわからないので、果たして正解はどちらなのか、後悔しない判断はどちらなのか。誰かに相談したくなるのもよくわかります。

この先、設計者として、あるいはそれ以外の仕事に就くとしても、決断を迫られたときに思い出してほしい判断があります。

それは「**自分の気持ちにまっすぐな決断をする**」ということです。

初心を忘れずに、という言葉がありますが、この初心を本当に忘れずに貫くことは実際には非常に難しいことです。

相談を受けていて、自分の進みたい道が定まっている人は問題ないのですが、実際に一番多いのは「自分がどうしたらよいかわからない」という人だったりするのです。

彼らの悩みを聞いていると、実は本心ではアトリエ設計事務所に行きたいと思っているのに、収入面の不安や親の反対などで二の足を踏んでいるという人、またみんなと違う進路に進むことに不安を覚えている人が多いようです。

私はそんな彼らには、「自分の気持ちにまっすぐな決断をしたほうがいいよ」といつも言っています。かつて自分がそうやって決断し、今もなお後悔していないという経験がそう言わせているのでしょう。

進学だけではありません。結婚、独立など、人生は決断の連続です。でも、電卓で弾いてどちらがおトクかという判断だけでは、人生なかなか決められないものです。

私が仕事を辞めてフィンランドに渡った話は先に書きましたが、そのときの心境はまさに「自分の気持ちにまっすぐに！」というものでした。今考えれば何と無謀だったことかと思いますし、現地での暮らしは清貧そのものでしたが、それと引き換えに得たものは計り知れません。

一事が万事とよく言いますが、**ひとたび人は何かを選ぶと、そのときの決断が基準となってその後も似たような決断を繰り返すようになります**。その決断を後悔しないためにも、迷ったときは立ち止まり、自分の気持ちにまっすぐに向き合うことが大切です。

先の悩み多き学生には、いつも最後にこう添えていました。

将来親になったときに、あなたの子供に「自分の思う道を行きなさい。お父さん（お母さん）はそうやってきたから今があるんだよ」と言えるような人生を歩みなさいと。岐路に立ったとき、そう思えば道は間違わないと思うのです。

# スランプに陥ったら、とびきりの宿泊体験で心に栄養を

人には「手癖」というものがあって、自分でも意識しないうちに自分にとって居心地の良い線を描くようになります。これには良い側面と悪い側面があります。自分の仕事を安定的に導く「型」になってくれる一方、ルーティンに陥り、自分の殻を破れなくなる、いわゆるスランプの一因になったりもします。

スランプに陥っても、他の人には案外悟られることはありません。仕事は安定しているわけですし、誰も損はしていないからです。

でもスランプと感じたとき、自らが必死にもがかないと、やがてそれば自分の手足を縛

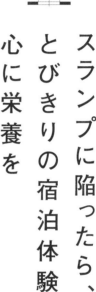

り、最後には思考停止状態に陥ってしまいます。これは設計者にとって致命的なことなのです。

そうならないために、私は定期的に新しい空間体験を自らに課し、固定化しやすい空間感覚を刷新できるよう気をつけています。その一つが、仕事が一区切りした休みなどに個性的な宿泊施設に泊まるというものです。これは自身の息抜きにもなり、また刺激にもなっています。

若い頃は、旅といえば訪問先のアクティビティが目的で、泊まるところは安いビジネスホテルのようなところばかりでした。ただ、今そうした個性的な宿泊施設に泊まってみると得るものが本当に多く、そこでの体験の数々は自分の設計活動においてもかけがえのないものになっています。

たとえばその一つに、ホスピタリティの考え方があります。宿泊施設だけなく、飲食店などにも言えることですが、それなりの構えを持つ施設は、運営者の考えにブレがなく、ゲストに対してマニュアルを超えた心からのおもてなしを感じさせてくれます。こうした「おもてなし（＝ホスピタリティ）」は、設計にとって何よりも大切なものです。なぜなら、**気遣いにあふれた空間は機能的であることを超えて、その空間に佇む人たちに心からの安**

**息をもたらしてくれる**からです。

またそうした宿泊施設の空間には、ゲストを心底リラックスさせたりワクワクさせたりするディテールに満ちています。たとえば、福島県の裏磐梯にある「ホテリ・アアルト本館」（設計：益子義弘氏）は、既存建物をコンバージョンしたホテルです。各室のプランがすべて異なり、置いてある家具も北欧の名作家具ばかり。窓廻りの設えにも工夫が凝らされていて、ゲスト一人ひとりを個別にもてなすかのように空間がふるまっています。

沖縄にある「ＭＵＩ」（設計：五十嵐敏恭氏）は、すべての客室が分棟形式のホテルですが、それらが一つの屋根で覆われ、各室が中間領域によってつながれて、沖縄らしい内部と外部が一体化したような開放的な空間体験が楽しめます。

日常的な生活を支える住宅設計に携わっていると、つい実用一辺倒の思考回路となりがちです。また設計にもつい力が入ってしまって、ディテールに意識が集中しすぎてしまうこともあります。

ところが、本当にリラックスさせる空間は意外と大らかなつくりであることも多いものです。先に紹介したホテルも、各所に目を移せば、キッチンや水廻りも非日常感の演出か

いらか、案外至れり尽くせりにはつくられておらず、少し不便なくらいのつくりになってい
ます。ただ実用性に欠けていることで不満を感じるかというと、決してそうではなく、こ
れまで囚われていたものが洗い流されるようでもあり、不便を楽しむというか、むしろ心
身が解放されるのを感じます。それはある意味、日々の仕事の中でつい忘れがちな「ホス
ピタリティの本質」であるとも言えるかもしれませんね。

私は、住まいはそこに暮らす人たちが物理的にも精神的にも満たされるような、おもて
なしの器であってほしいと思っています。

とびきりの宿泊体験はそれを思い起こさせてくれます。設計者にとっては体験こそがす
べて。スランプという名の思考停止から逃れるためにも、ワクワクするような宿泊体験で
固定化した思考をブレイクしてみてください。旅からの帰路、すでにあなたの脳内には
胸が高鳴るような楽しい空間のアイデアが渦巻いていることでしょう。

# 迷いなきところに名建築なし

私たち設計者の仕事は常に決断を迫られ、その都度シロクロをはっきりさせることが求められます。

私は性格的に物事を曖昧にしておくことが苦手なので、歯切れよい判断を日頃から心がけているつもりですが、一方では、建築の判断は本当にシロかクロかにはっきり仕分けられるものだろうかと悩むこともあります。

私はフィンランドの建築家アルヴァ・アールトの建築が大好きです。若い頃はもっとトガった建築が好きだったので、北欧やアールトのようなシンプルな建築には全く興味がありませんでした。しかし、それが今ではアールトについては誰よりも熱く語れる自信があります。そして私自身も、いつかはアールトのような建築が設計できるようになりたいとも密かに思い続けています。

アールトの建築には「ゆらぎ」があり、これが最大の魅力だと思っています。アールトは北欧モダニズムの文脈で紹介されることが多いのですが、実はその設計はそれほど論理的ではなく、どこか歯切れが悪いようにも感じます。その空間に身を置いているとこの人は、本当はどうしたかったのだろう？　今目の前に見えている空間はどこまで自分でコントロールしていて、どこからを偶然性に委ねているのだろう？と、次々と疑問が湧いてくるのです。

それらは答えのない問いであり、いわば禅問答のようなものかもしれません。しかしそんなことを悶々と考えていると、アールトからこんな風に言われている気がしてきます。「そうやって、建築にいちいち理由を探ろうとしているからダメなんだ。建築なんてものは感じるものなんだよ」と（もちろん私の妄想の中で！）。

「考えるな、感じろ」。まるでブルース・リーの名言のようですが、アールトの建築には私にないものが備わっているようで、訪れるたびに発見と学びがあるのです。

一方国内では、益子義弘氏の設計する建築にも心惹かれるところがあります。益子氏の建築にもどこか割り切れないような線があり、それが自分の琴線のどこに触れているのか長らくよくわかっていませんでした。

ところがある打合せの席で、益子氏が、「ぼくはずっと迷いながら設計をしている」という趣旨のことをおっしゃったのです。そのときにハッとしました。**迷いというのはつまり「ゆらぎ」**なのだと。それはきっとアールトの空間に漂っていたものと同じものなのかもしれませんね。

迷いをいつまでも抱えている状態というのは苦しいものです。

けれども建築の設計というものは、悩めば悩むほど、それを錘《おもり》として深い海の底まで潜ることができるようにも思います。迷いの淵からつかみ取ったものは、人々の心を真に震わせたり共感させたりする何かがあります。

迷いなきところに名建築なし。

悩み多き日常も建築の肥やしになるのだと考えれば、少しは救われる気がしませんか？

# それでも心が折れそうになったときは立ち止まってみる

これまで読者の皆さんが設計の場面で悩んだとき、「心が折れないように」するにはどうすればいいのか、私なりの解決法を述べてきました。

それでも、です。やはり、心が折れそうになることはありますよね。

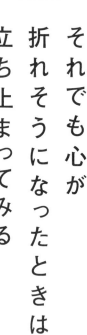

心が折れそうになるときというのは、これまで積み上げてきたものが崩れてしまったり、ある種の論理的思考の行き詰まりを感じたりしたときなどではないでしょうか。

人間関係や社会のしがらみでがんじがらめになって、身動きが取れなくなってしまうこともありますし、自らが進むべき道を見失ってしまうこともあるでしょう。そんなときはいっそ、勇気を出して立ち止まってみるときなのかもしれません。

仕事を辞めて、3カ月くらいボーっと過ごしてみるのはどうでしょうか？　また少し違った業界に転職してみるのもよいかもしれません。環境が変われば、それまでのことがまた違った角度から眺められるかもしれません。大学に戻って学び直すのもよいでしょう。

人生には誰しもそんなターニングポイントと呼べるものがあるものです。私にとって、それは北欧でした。Chapter3でも書きましたが、私は20代後半でフィンランドに留学しました。そこで学んだことは学問としての建築というより、北欧の人たちの生活哲学のようなものでした。北欧の人たちの思考の特徴は「直感的」であることです。もちろんそこに論理的思考がないわけではないのですが、**脳で考えるというよりもハートで考える**という点に当時大いに感銘を受け、また影響を受けました。

たとえば、フィンランドでの留学中にこんなことがありました。緊急にキャッシュカードの再発行が必要になり、銀行に相談に行ったときのことです。

当時フィンランドの銀行では、窓口がブースで仕切られていました。自分の番号札のランプの灯ったブースに行くと、年配の女性行員がデスク越しに対面で用件を聞くというシステムです。自分の番になり、窓口に行くと、いくつか書類の提示を求められました。再発行に必要な書類があったのです。

そのことを知らない私は、当然準備をしていません。けれど、その日のうちにどうしてもカードが必要な事情も抱えていました。すると、私の話を聞いた年配の行員は、少し考えたのちに「仕方ないわね」と言って、公的な身分証明書の提示だけでその場ですぐにカードを再発行してくれたのです。日本では考えられないことです。

もちろんこの話は、人口の少ない村社会のような国だから成立したのかもしれません。ただ私は、ほかにも似たような経験をフィンランドでは何度もしています。

マニュアルよりも自分の良心に従い、目の前の困っている人を助けることを優先するという行動は、北欧の人に共通している考え方のようです。そこには理屈はないのです。

「人は行き詰まると北に向かう」とは、建築家の内藤廣さんの言葉（※）ですが、内藤さんもその昔仕事に行き詰まりを感じたときに、フィンランドを訪れアールトの建築に救われたそうです。

私も当時フィンランドに向かったときの心境も、これにとても近いものでした。論理的思考はルーティンが上手くいっているときはとても合理的に機能しますが、一方でひとたびほころびが出ると、負のループを引き起こしやすく、そこから出られなくなってしまうことがあります。そんなときに、先の北欧的な直感的思考は、はるか遠くを照らす灯台の灯りのように、自分が進むべき道をまっすぐに指し示してくれるのです。

自分に正直に、そしてシンプルに。

マニュアルではなく心に従った行動は、思考の軸を他人ではなく自分自身に引き寄せてくれます。迷ったときには北欧に学ぶというのは、今も変わらない私のスタンスとなっています。

※建築家の内藤廣氏が2009年3月14日、北欧建築・デザイン協会（SADI）が企画した講演「アアルトが教えてくれたもの」内でされた発言。

# 失敗しないって怖いこと

若さゆえの悩みというものは多いとは思いますが、歳を取ると悩みがなくなるのかといえば、そんなことはありません。どの年代にも相応の悩みや行き詰まりというものはあるものです。

20代の頃に抱いていた悩みや葛藤については、すでにChapter3で述べました。その後、私は30歳で独立し、ようやくこれから自分のキャリアが始まるのだと武者震いをしました。

30代は仕事を山にたとえるならば、まさに登山口といったところでしょう。

40代は山の五合目くらいのところで一息ついているような感覚でしょうか。がむしゃらに脇目も振らず目先の山を登っていた30代と違って、少しは周りの景色も楽しめるようになってきています。ペースを考え、山登りがなんたるかをようやく自覚的に理解し始めた頃とも言えるでしょう。そして今、私はようやく50代の扉を開けたところに立っています。

40代から見て50代ははるか先のこと。今の私にとっての60代と同じくらい未来の話でした。50代の建築家たちというのは当代のトップランナーという位置づけで、当時は必死にそこに追いつこうとしていたようにも思います。ところが自分が50代になってどうかというと、「50代というのは、なかなか微妙なお年頃だな」と思うわけです。

確かにかつてできなかったことも、できるようになりました。知識も備わり知らなかったことも減ってきました。お近づきになれないと思っていた人とも親しい間柄になっていたりします。何もかもが、あのときよりも進歩していると感じます。

歳を取るって素晴らしい。できないことができるようになるって、何と素晴らしいのだろう！　そう心から思います。

ところが、です。

理屈のうえでは「できないことができるようになっている」のに、実際には少しずつ「できないこと」が増えていっているように感じるのです。それが50代ってやつか……と、この歳になってみてわかったことでした。

これは体力が落ちたからとか、そういう身体的なことではなく、**成功体験を積み重ねると、失敗ができなくなる**ということなのです。

もう少し正確に言うと、失敗できないというより「失敗しなくなる」といったらよいのでしょうか。どうして失敗しなくなるかというと、それまでたくさん失敗をしてきて、どうやったら失敗しないかを身をもって知っているからです。

失敗することを知っていながら前に進む人はいませんよね。これは電気がビリビリってなる棒を、一度体験したら二度と触れたくなくなるのと同じことなのです。

もちろん今でも細かいレベルではたくさん失敗していますが、大きな失敗をするかもしれない道は直感でわかります。だからできなくなるし、結果として失敗もしない。

でも、失敗をしないって、果たして良いことなんでしょうか?

きっと社会的には良いことなのでしょうね。でも私の中の直感は、それって良くない!

と言っています。そんな人生つまらない！　何かのブレークスルーにもつながらない。とはいえ、電気がビリビリする棒はもう二度と触りたくない……。これが私の今思う50代という微妙なお年頃の正体です。

若さって、つまるところ空振りを恐れずフルスイングできる強さなのでしょうね。年を経れば、8割の力でクリーンヒットを飛ばせる技術が身につくようになります。けれども、スイングの強さは建築の強さそのものでもあるとも言えます。私もまだまだ現役でいるために、今後もフルスイングの仕事を心がけなくてはいけないと思っているところです。

そこのあなた、今はバントなんてしている場合じゃありませんよ！

# おわりに

エクスナレッジの別府美絹さんより、本書のご相談があったのは2022年7月のこと。その企画書には「設計がふつうに上手くなる」との文字がありました。そんな本があるならむしろ私が買いたい！　不安や葛藤を抱きながらも、本書の執筆は始まりました。

私は独立して早20年、建築を志してからは30年あまりが過ぎました。その道のりを振り返れば、確かに終電近くまで仕事をしたり、徹夜で図面を描いたこともなかったわけではありませんが、それは遠い昔の話。独立してからは、つとめて自然体で無理をすることなくこの仕事を続けてきました。なぜ続けられてきたかというと、ひとえに設計が楽しかったからです。

建築はもはや私の生活の一部であり、生き方そのものと言ってよいでしょう。本書は、建築士が生きていくために必要な心構えやスキルについて書いたものですが、建築士を別の職業に置き換えれば、あらゆる業界で働く方にとっても、少しは心当たりのある話になっているかもしれません。そう感じてもらえたとしたら、私としてもとてもうれしく思います。

ここに書いたことはすべて、自分自身に向けた刃にもなっています。正論がそのまま自分に刺さる刺さる！　内容は嘘ではありませんが、すべてを徹底できているかというと……やはり私も一人の弱い人間だということがよくわかりました。最後のChapter4は、そんな自分自身に向けて書いた章でもあります。

Chapter3の事務所運営のくだりでは、事務所のスタッフのこともずいぶんネタとして使わせてもらいました。本文に書いたとおり、私はあなたたちなしでは仕事ができません。それなのに安いお給料でゴメンナサイ！　いつも献身的な仕事をありがとう。

また本書でうれしかったのは、名バイプレイヤーたちに恵まれたことです。ユーモア溢れるイラストを描いてくださったイラストレーターのmeppelstattさん、そして美しいブックデザインを手がけてくださったtobufuneさん。その類い希なる才能で「まずい建築は木で隠せ」の格言のごとく、私の拙い筆を見事な仕事でカバーしてくださいました。うまく隠せたかな？

進行にあたっては、冒頭の別府美絹さんを旗振り役に、実働の編集を担ってくれたのはフリー編集者の加藤泰朗さんでした。たびたび袋小路に迷い込む私の原稿を、まるでChatGPTのように魔法をかけて返してくださるその手腕に、どれだけ助けられたことか。

そして二人して路頭に迷えば、別府さんがモーゼの十戒のように大海原に道をつくってくださる。それがなんと頼もしかったことか。お二人には感謝の言葉もありません。最高の仕事人に囲まれて、それがなにより楽しかったことです。

さて、私も初心を忘れず本書をもう一度読み直そうかと思います。

２０２３年５月　関本竜太

デザイン　小口翔平＋畑中茜（tobufune）
DTP　村上幸枝（Branch）
イラスト　Meppelstatt
写真　新澤一平（P15、P43上、P47、P97、P101、P103、P110）
繁田諭（P41）
後関勝也（P112）
＊上記以外は、すべて著者
編集　加藤泰朗、別府美絹（エクスナレッジ）

## 関本竜太　Ryota Sekimoto

株式会社リオタデザイン代表。1971年埼玉県生まれ。1994年日本大学理工学部建築学科卒業。1994~99年エーディーネットワーク建築研究所。2000~01年フィンランド・ヘルシンキ工科大学（現アールト大学）留学。2002年2月リオタデザイン設立。2008年OZONE P1グランプリグランプリ受賞。2007・09年TEPCO快適住宅コンテスト作品部門入選。2014年住まいの環境デザインアワード優秀賞。2017年屋根のある建築作品コンテスト住宅部門優秀賞。2008~2020年日本大学理工学部非常勤講師。日本建築家協会（JIA）会員。北欧建築・デザイン協会（SADI）理事。

著書に『伝わる図面の描きかた』（学芸出版社）、『上質に暮らす おもてなし住宅のつくり方』『詳細図解　木造住宅のできるまで』、共著に『現場写真で学ぶ実施図面の描き方』『伊礼智の住宅デザイン学校』（いずれも小社刊）がある。

設計のポリシーは、「そこに流れる空気のようなものを受け止め、すくい上げるようなデザインをすること」。繊細なディテールと、クライアントにとことん寄り添いながらもオリジナリティの高い住宅の設計に定評がある。



# すごい建築士になる！

2023年6月5日　初版第一刷発行

著者　関本竜太
発行者　澤井聖一
発行所　株式会社エクスナレッジ
〒106-0032
東京都港区六本木7-2-26
https://www.xknowledge.co.jp/
問い合わせ先
編集　Tel:03-3403-6796
Fax:03-3403-0582
info@xknowledge.co.jp
販売　Tel:03-3403-1321
Fax:03-3403-1829